国家智库报告 2018（35）
National Think Tank
新时代中非友好合作

非洲国家债务风险评估

张春宇　李新烽　李若杨　著

THE EVALUATION OF THE DEBT RISK OF AFRICAN COUNTRIES

中国社会科学出版社

图书在版编目(CIP)数据

非洲国家债务风险评估 / 张春宇, 李新烽, 李若杨著. —北京：中国社会科学出版社, 2018.10
（国家智库报告）
ISBN 978 - 7 - 5203 - 3440 - 2

Ⅰ. ①非… Ⅱ. ①张… ②李… ③李… Ⅲ. ①债务管理—风险管理—研究—非洲 Ⅳ. ①F834.04

中国版本图书馆 CIP 数据核字（2018）第 248495 号

出 版 人	赵剑英
项目统筹	王 茵
责任编辑	喻 苗
特约编辑	郭 枭
责任校对	张依婧
责任印制	李寡寡

出　　版	中国社会科学出版社
社　　址	北京鼓楼西大街甲 158 号
邮　　编	100720
网　　址	http：//www.csspw.cn
发 行 部	010 - 84083685
门 市 部	010 - 84029450
经　　销	新华书店及其他书店

印刷装订	北京君升印刷有限公司
版　　次	2018 年 10 月第 1 版
印　　次	2018 年 10 月第 1 次印刷

开　　本	787×1092　1/16
印　　张	11
字　　数	135 千字
定　　价	49.00 元

凡购买中国社会科学出版社图书，如有质量问题请与本社营销中心联系调换
电话：010 - 84083683
版权所有　侵权必究

充分发挥智库作用
助力中非友好合作

当今世界正处于大发展、大变革、大调整时期。世界多极化、经济全球化、社会信息化、文化多样化深入发展，和平、发展、合作、共赢成为人类社会共同的诉求，构建人类命运共同体成为各国人民共同的愿望。与此同时，大国博弈激烈，地区冲突不断，恐怖主义难除，发展失衡严重，气候变化凸显，单边主义和保护主义抬头，人类面临许多共同挑战。中国是世界上最大的发展中国家，人类和平与发展事业的建设者、贡献者和维护者。2017年10月中共十九大胜利召开，引领中国发展踏上新的伟大征程。在习近平新时代中国特色社会主义思想指引下，中国人民正在为实现"两个一百年"奋斗目标和中华民族伟大复兴的"中国梦"而奋发努力。非洲是发展中国家最集中的大陆，是维护世界和平、促进全球发展的重要力量之一。近年来非洲在自主可持续发展、联合自强道路上取得了可喜进展，从西方人眼中"没有希望的大陆"变成了"充满希望的大陆"，成为"奔跑的雄狮"。非洲各国正在积极探索适合自身国情的发展道路，非洲人民正在为实现"2063年议程"与和平繁荣的"非洲梦"而努力奋斗。

中国与非洲传统友谊源远流长，中非历来是命运共同体。中国高度重视发展中非关系，2013年3月习近平主席担任国家主席后首次出访就选择了非洲；2018年7月习近平主席连任国家主席后首次出访仍然选择了非洲；5年间，习近平主席先后4

次踏上非洲大陆，访问坦桑尼亚、南非、塞内加尔等8国，向世界表明中国对中非传统友谊倍加珍惜，对非洲和中非关系高度重视。2018年是中非关系的"大年"，继习近平主席访问非洲之后，中非合作论坛北京峰会将于9月召开，这是中非合作论坛史上的第三次峰会。中非人民对此充满热情和期待，国际社会予以高度关注。此次峰会必将进一步深化中非全面战略合作伙伴关系，推动构建更为紧密的中非命运共同体，成为中非关系发展史上又一具有里程碑意义的盛会。

随着中非合作蓬勃发展，国际社会对中非关系的关注度不断加大，出于对中国在非洲影响力不断上升的担忧，西方国家不时泛起一些肆意抹黑、诋毁中非关系的奇谈怪论，诸如"新殖民主义论""资源掠夺论""债务陷阱论"等，给中非关系发展带来一定程度的干扰。在此背景下，学术界加强对非洲和中非关系的研究，及时推出相关研究成果，讲述中国在非洲的真实故事，展示中非务实合作的丰硕成果，客观积极地反映中非关系，向世界发出中国声音，显得日益紧迫重要。

中国社会科学院以习近平新时代中国特色社会主义思想为指导，按照习近平总书记的要求，努力建设马克思主义理论阵地，发挥为党和国家决策服务的思想库作用，努力为构建中国特色哲学社会科学学科体系、学术体系、话语体系做出新的更大贡献，不断增强我国哲学社会科学的国际影响力。我院西亚非洲研究所是根据当年毛泽东主席批示成立的区域性研究机构，长期致力于非洲问题和中非关系研究，基础研究和应用研究并重，出版发表了大量相关著作和论文，在国内外的影响力不断扩大。

为了服务国家外交大局，配合即将召开的中非合作论坛北京峰会，西亚非洲研究所与国际合作局共同组织编写了《新时代中非友好合作智库报告》。这是一套系列智库报告，包括一个主报告和九个分报告。主报告《新时代中非友好合作：新成就、新机遇、新愿景》总结了党的十八大以来，中非双方通过共同努力，在政治、经贸、人文、和平安全等合作领域取得的伟大成就，分析了中国特色社会主义进入新时代为非洲发展和中非合作带来的新机遇，展望了未来中非友好合作的新愿景和重点对接合作领域。分报告包括：《中非直接投资合作》《"一带一路"倡议与中非产能合作》《中非减贫合作与经验分享》《中非人文交流合作》《中非和平与安全合作》《中国与肯尼亚友好合作》《中资企业非洲履行社会责任报告》《郑和远航非洲与21世纪海上丝绸之路》和《非洲国家债务风险评估》。它们分别从不同领域和角度详细阐述了中非合作取得的成就，面临的问题和挑战，以及未来发展合作的建议。主报告和分报告相互联系，互为一体，力求客观、准确、翔实地反映中非合作的现状，有利于增进人们对中非关系的认识和了解，为新时代中非关系顺利发展提供学术视角和智库建议。此外，这套智库报告英文版将同时出版，主要面向非洲国家和国际社会，向世界表明中非友好合作完全符合双方26亿人民的根本利益，完全顺应世界和平稳定与发展繁荣的历史潮流。

这套智库报告从策划立项到组织编写，再到印刷出版，前后只有5个月，时间紧，任务重，难免有缺憾和疏漏之处。例如，非洲国家众多，但国别合作报告只有一本《中国与肯尼亚友好合作》，略显单薄，如果至少有5—10本类似的国别合作报告，那么整套智库报告将会更为全面，更为丰满，希望将来有机会弥补这一缺憾，能够看到更多的中非国别合作报告。相信在国内非洲学界的共同努力下，我国的非洲研究和中非关系研究将不断攀登新高峰，从而更好地服务国家战略，助力新时代中非友好合作全面深入发展。

中国社会科学院副院长
蔡　昉
2018年8月

摘要：20 世纪 90 年代中期以来，非洲经济进入了独立以来持续时间最长、增长最平稳的发展阶段。2012—2017 年，非洲经济年均增长率为 3.98%，高于全球平均水平；但非洲经济的快速增长在一定程度上依赖于大量外资的流入，非洲国家债务出现了快速累积。2005 年是非洲国家债务累积的一个显著拐点，多数非洲国家的负债率、债务率和偿债率提高，部分国家逼近或超过国际警戒线，债务增长、利息支付和债务可持续性都是非洲国家面临的债务问题。进入 2018 年，国际社会对非洲国家债务风险的担忧开始加剧；对来自中国的贷款导致非洲国家债务负担加重的不实指责也开始见诸报端，并呈发酵趋势，出现了所谓的"中国债务陷阱论"。中国与非洲国家的经贸合作关系密切，非洲国家债台高筑的现状亦不利于中国和非洲国家长远的利益诉求。为驳斥对中国的不实指责，为助力非洲国家降低债务风险，为实现非洲经济增长和中非经贸合作可持续发展，本报告对非洲国家债务问题进行了系统梳理和深入研究。本报告回顾了非洲国家债务问题的历史沿革，梳理了非洲国家债务现状，并以现有的国家风险债务评估框架为依据，选取代表性指标对部分非洲国家的债务风险进行评估。接下来，本报告回顾了 20 世纪 70 年代以来在拉美、中东欧和亚洲地区出现的债务危机及各国的应对措施，探究了其对非洲国家的警示和借鉴意义。本报告最后全面驳斥了个别别有用心的国际机构和媒体对中国加重非洲国家债务负担的不实指责；并为非洲国家如何防患及应对可能出现的债务风险，未来如何继续推进中非经贸合作提出了相应的建议。

关键词：非洲；债务危机；偿债率；负债率

Abstract: In the mid – 1990s, Africa's economy entered the longest and most stable period of development since its independence. The average annual growth rate of African economies was 3.98% between 2012 and 2017, higher than the global average growth rate. Africa's rapid economic growth partly depended on the large inflows of foreign capital, and its national debt has accumulated rapidly. 2005 marked a significant inflection point for Africa's national debts. Since this year, most African countries began to face higherliability ratio, foreign debt ratio and debt servicing ratio, and some countries approached or exceeded the international warning line. They have been challenged by debt issues, including debt growth, interest payments, and debt sustainability. In 2018, the international community's concerns about the debt risk of African countries intensified; false claims emerged, accusing loans from China for increasing the debt burden of African countries. The economic and trade cooperation between China and African countries is close, and the current situation of African countries' debt burden is not conducive to the long-term interests between China and African countries. In order to refute the false accusations against China, to help African countries reduce debt risks, and with the vision to achieve Africa's economic growth and the sustainable development of China-Africa economic and trade cooperation, this report systematically analyses the debt issues of African countries. We review the history of African countries' debt issues, sort out the current situation, and evaluate the debt risk of some African countries. The evaluation bases on the existing assessment framework of national risk debt. Then we review the debt crisis in Latin America, Central and Eastern Europe, and Asia since the 1970s and their countermeasures, and explore their warning and reference significance to African countries. At the end of this report, we comprehensively refute the false accusations that China has intensified the debt burden of African countries, made by some international organizations and media with ulterior motives. We also put forward corresponding suggestions on preventing and dealing with potential debt risks and on further promoting China-Africa economic and trade cooperation in the future.

Key Words: Africa, Debt Crisis, Debt Servicing Ratio, Liability Rati

目 录

一 非洲国家债务风险引发关注 …………………………（1）

二 主权债务问题相关理论和文献综述 …………………（12）
 （一）主权债务问题相关概念 ………………………（12）
 （二）主权债务问题相关研究 ………………………（16）
 （三）非洲国家债务问题相关研究 …………………（18）

三 非洲国家债务现状 ……………………………………（23）
 （一）非洲国家总体债务状况 ………………………（23）
 （二）非洲次区域和部分国家的债务状况 …………（33）
 （三）非洲国家债务问题的来源 ……………………（56）

四 国家债务风险分析框架 ………………………………（67）
 （一）多边国际组织的债务可持续性分析框架 ……（67）
 （二）评级公司的主权信用评估框架 ………………（72）
 （三）现有文献研究结论 ……………………………（77）

五 非洲国家债务风险评估和评级 ………………………（85）
 （一）指标选取 ………………………………………（85）
 （二）评级方法 ………………………………………（89）
 （三）评级样本 ………………………………………（90）

（四）评级结果 …………………………………………（92）

六　发展中国家债务风险应对的国际经验 ……………（106）
　　（一）20世纪70年代拉丁美洲国家债务危机 ………（106）
　　（二）20世纪90年代中东欧国家的债务危机 ………（112）
　　（三）1997年亚洲金融危机期间发展中国家
　　　　　债务危机 …………………………………………（119）
　　（四）2008年国际金融危机期间发展中国家
　　　　　债务风险 …………………………………………（122）

七　非洲债务问题应对与中非合作可持续发展 …………（129）
　　（一）妥善应对针对中国的不实指责 …………………（129）
　　（二）避免来自中国的资金增加非洲国家债务
　　　　　风险 ………………………………………………（138）
　　（三）通过中非战略对接推进中非合作 ………………（141）
　　（四）服务业将成为促进中非合作的重要领域 ………（144）

参考文献 ……………………………………………………（152）

一　非洲国家债务风险引发关注

20世纪90年代以来，非洲经济虽然在2008年国际金融危机和2011年"阿拉伯之春"等的冲击下有所反复，但总体呈向好趋势；非洲经济一度成为全球经济的新增长热点。据国际货币基金组织预测，2018年撒哈拉以南非洲地区的经济增长率有望从2017年的2.8%上升至3.4%①。与此同时，非洲国家的债务规模也在悄然扩大。多数非洲国家在全球价值链中仍然处于中低端，经济结构单一，主要出口原材料及初级产品，受国际市场变动的影响较大；2008年国际金融危机后，全球总需求放缓，原材料价格下降，非洲国家出口锐减，经济增长率下滑；比如在2016年，非洲仅有博茨瓦纳和斯威士兰两个国家的经常账户没有赤字；54个国家中有20个出现了两位数的经常账户赤字，其中利比亚和莫桑比克的经常账户赤字分别占其GDP的37.8%和31.1%②。非洲国家被迫举借更多外债，弥补赤字，刺激经济增长。同时，由于西方国家大多采取低利率政策，国际投资者也将资金逐步转向低收入和中低收入国家，以寻求更高回报。

非洲国家的债务在2008年之后开始更快的累积。1990年非

---

① IMF, *World Economic Outlook-Seeking Sustainable Growth, Short-Term Recovery, long-Term Challenges*, October 2017, p.18.

② Afdb, OECD, UN, *African Economic Outlook-Entrepreneurship and Industrialisation*, Jun 2017.

洲地区的外债总额约为 2900 亿美元，之后其外债总额一直在 3000 亿美元上下波动，2008 年非洲地区的外债总额为 3123.6 亿美元。从 2008 年开始，非洲地区的外债总额迅速上升，2016 年突破 6000 亿美元，外债总额增长近两倍，从 2008 年到 2016 年，非洲外债以约为 10% 的年均增长持续上升[①]。另一组关于非洲国家公共债务的数据也展现了同样的图景，据 2018 年 4 月世界银行发布的《非洲脉动》报告相关数据，从 20 世纪 90 年代末到 2010 年之间，30 个非洲低收入国家受益于重债穷国计划（HIPC）和多边债务减免倡议（MDRI）提供的 1000 多亿美元债务减免，2012 年以前撒哈拉以南非洲地区国家的平均公共债务水平下降；但从 2012 年至 2016 年年底，该地区国家的公共债务占 GDP 的平均比重由 37% 提高到了 56%，超过 2/3 的国家的公共债务增速比 GDP 增速快 10% 以上；其中非洲地区的产油国情况最糟，如安哥拉和加蓬的公共债务水平飙升了 100%；一些非洲小国情况也不容乐观，如佛得角、冈比亚、多美和普林西比等国的公共债务水平也接近或超过 GDP 的 100%[②]。

从 2001 年至 2017 年，非洲国家的平均负债率达 31%，债务风险开始显现。同时，非洲国家偿债压力在不断增大，2017 年非洲国家债务利息支出占偿付总额的比重高达 35%[③]。30 多个非洲国家的债务利率增长速度高于经济增长率，其中 16 个国家的债务利率高于经济增速 10% 以上。近几年，由于欧美等发达经济体逐渐退出量化宽松政策，非洲国家的借贷条件逐渐转差，但非洲国家仍然存在大量融资需求。2017 年，非洲国家发行了 75 亿美

[①] 数据来源：Wind 数据库。

[②] World Bank, "Africa's Pulse, An Analysis of Issues Shaping Africa's Economic Future", April 2018, Vol. 17, http://www.worldbank.org/content/dam/Worldbank/document/Africa/Report/Africas-Pulse-brochure_Vol9.pdf.

[③] 数据来自世界银行数据库。

元主权债券；2018年上半年计划发行110亿美元债务①。

而随着国际利率水平的走高，非洲国家面临着国际大宗商品价格难以恢复，出口下降或增长幅度有限，货币出现不同幅度的贬值，偿债压力增大的困境。20世纪70年代以来发展中国家出现的数次债务危机主要都是由大宗商品价格下降和美国上调利率所引发的。近几年，同样的情景似乎又要重现。2014年以来，国际货币基金组织的商品价格指数下降40%以上，美元升值了15%以上②。因此，对新一轮非洲国家债务危机爆发的担忧在国际社会中愈演愈烈。2018年5月8日国际货币基金组织发布报告称，非洲地区约40%的低收入国家正处于债务困境，面临较高的债务风险③。2018年4月世界银行发布的《非洲脉动》报告根据低收入国家债务可持续性框架监测，分析了低收入国家的公共债务状况，评估了各国的债务风险；该报告指出，2006年撒哈拉以南非洲地区有18个国家面临高债务风险，2013年减少到了8个，2014年之后，低收入国家债务可持续性框架评级开始恶化，到2018年3月，又有18个国家处于高债务风险，比2013年高出了2倍以上④。杜克大学桑福德公共政策学

---

① IMF，"Regional Economic Outlook：Domestic Revenue Mobilization and Private Investment"，https：//www.imf.org/en/Publications/REO/SSA/Issues/2018/04/30/sreo0518.

② 张忠祥：《当前非洲潜在的债务危机是局部的和可控的》，http：//www.beijingreview.com.cn/chinaafrica/201808/t20180829_800139437.html。

③ IMF，"Regional Economic Outlook：Domestic Revenue Mobilization and Private Investment"，https：//www.imf.org/en/Publications/REO/SSA/Issues/2018/04/30/sreo0518.

④ World Bank，"Africa's Pulse, An Analysis of Issues Shaping Africa's Economic Future"，April 2018，Vol. 17，http：//www.worldbank.org/content/dam/Worldbank/document/Africa/Report/Africas-Pulse-brochure_Vol9.pdf.

院杜克国际发展中心主任因德米特·吉尔（Indermit Gill）认为，在当前非洲主要国家面临赤字扩大，增长放缓和利率上升等不利情况下，持续增长的债务值得警惕①。化险咨询公司（Control Risk）的报告显示，由于近年来国际大宗商品市场的波动，尼日利亚、加蓬、喀麦隆、中非等国家面临着外汇储备减少和经济增速降低的困境。更多的债务被用于填补政府预算的缺口，非洲国家债务风险凸显②。肯尼亚国家媒体集团记者保罗·雷德芬（Paul Redfern）在报道中指出，撒哈拉以南非洲地区在2018年可能爆发20年以来的新一轮债务危机。自2008年国际金融危机以来，低收入和中低收入国家政府的贷款增加了四倍多，从2007年的570亿美元增加到2016年的2600亿美元。然而，随着全球利率的上升和国际商品市场的波动，较贫穷的国家发现很难偿还从银行借来的钱③。

中国与非洲国家的经贸合作实现了连续多年的快速增长，但也一直伴随着不和谐的杂音，比如个别心怀叵测的国际机构或媒体长期指责中国在非洲搞"新殖民主义"，宣扬"中国威胁论"，无端指责和批评中国推行的"一带一路"倡议，针对中国在非洲经营企业的环境保护、用工、企业社会责任履行等具体问题的指责也时常见诸报端；这些不和谐的杂音客观上对中国与非洲国家的经贸合作产生了一定的负面影响。2018年以来，关于中国与非洲国家的经贸合作加重了非洲国家债务负担的声音开始出现，并

---

① Brooking, "Sounding the alarm on Africa's debt", https：//www.brookings.edu/blog/future-development/2018/04/06/sounding-the-alarm-on-africas-debt/.

② "At debt's door：The clouds of a sovereign debt crisis loom over Africa", https：//www.controlrisks.com/-/media/531eaf72f4404887a2f180f7ae64e13c.ashx.

③ "Credit agency says some EA countries' debt worrying," *The East African*, June 2, 2018, http：//www.theeastafrican.co.ke/business/Agency-warns-of-debt-crisis-in-Africa/2560 – 4586090 – ybppjjz/index.html.

逐渐发酵，在国内外都引起了一定程度的关注，并出现了所谓的"中国债务陷阱论"。比如美国国务院官员2018年3月2日称，中国加大对非洲的开发援助让各国背上了沉重债务。美国智库"全球发展中心"发布了名为"从政策角度考察'一带一路'项目的债务影响"的报告，称中国的"一带一路"项目贷款将显著增加巴基斯坦、黑山、吉布提等8个国家的债务风险①。德勤新兴市场和非洲业务主管马丁·戴维斯（Martyn Davies）表示，有中国背景的基础设施建设并不总是带动经济增长，进而提升债务可持续性，非洲国家有时天真地以为这在某种程度上是免费的资金②。肯尼亚经济分析师阿里汗·萨楚（Aly-Khan Satchu）表示，对债务陷阱外交的担忧是真实存在的。人们担心基础设施项目耗费的资金已经超出了非洲国家的承受能力，沉重的债务负担使非洲各国很难在项目中获得投资回报③。

总结起来，已出现的指责中国增加非洲国家债务负担的观点主要包括以下几类，如中国对非洲国家提供资金的标准低，诱使非洲过度借贷；中国对非洲国家提供的资金不透明，助长了非洲国家的腐败；中国对非洲国家提供的资金没有促进非洲的长期发展；中国对非洲国家提供资金具有特定的战略目的，不具有商业稳定性；中国通过"一带一路"建设中的项目实施，将非洲国家拖入债务泥潭，借此控制非洲国家等。上述观点中，既有部分国际机构和媒体长期宣扬的老生常谈的论调，也有新

---

① 美官员诋毁中国"推高非洲国家债务"中方回应，环球网2018年3月7日，http：//m. haiwainet. cn/middle/345439/2018/0307/content_31272327_1. html。

② 非洲仍然欢迎中国贷款，尽管可能陷入债务困境，路透晚报2018年9月7日，https：//cn. reuters. com/article/china-africa-summit-loan-debt-risk-0831-idCNKCS1LG0BN。

③ *China's Xi offers ＄60bn in financial support to Africa*，半岛电视台2018年9月4日，https：//www. aljazeera. com/news/2018/09/china-xi-offers-60bn-financial-support-africa-180903100000809. html。

出现的对应中国在非洲国家债务问题上面临的长短期风险，需要引起足够的重视。近期，部分国际机构更具体的指责来自中国的资金已经导致赞比亚陷入债务危机，中国与赞比亚双方的政府、专家学者都对这一指责给予了驳斥，赞比亚财政部专门发布了官方声明，否认这一不实指责。

针对中国将非洲国家拉入债务泥潭的不实指责，我们必须予以驳斥，化解其给中国和非洲国家发展、中国和非洲国家经贸合作带来的潜在风险。在反驳不实观点的同时，我们也要认识到，从积极的角度来看，当前的这种不实指责也是给我们敲响了一记警钟。历史上曾发生的发展中国家债务危机仍历历在目，其对世界经济造成的负面影响至今仍未完全消除。作为非洲国家最重要的经贸合作伙伴，作为非洲国家重要的外部资金来源国，中国与非洲国家双方的利益已紧紧地捆绑在一起，无论是从中国利益角度出发，还是从非洲国家利益角度出发，我们都必须要长期关注非洲国家债务问题，警惕和消弭非洲国家潜在的债务风险。

中非友好关系源远流长，近年来，双方合作愈发紧密。2015年12月4日，中国国家主席习近平在中非合作论坛约翰内斯堡峰会上提出，将中非新型战略伙伴关系提升为"全面战略合作伙伴关系"，并为此做强和夯实"五大支柱"，即坚持在政治上平等互信；坚持经济上合作共赢；坚持文明上交流互鉴；坚持安全上守望相助；坚持国际事务中团结协作。非洲是"一带一路"的重要节点，也是中国向西推进"一带一路"建设的重要方向和落脚点。

2018年中非合作论坛北京峰会召开，峰会上通过了《关于构建更加紧密的中非命运共同体的北京宣言》和《中非合作论坛—北京行动计划（2019—2021年）》两个重要成果文件。中非双方一致同意构建更加紧密的命运共同体，非洲国家积极支持并踊跃参与共建"一带一路"，提出了下一阶段中非务实合作"八大行动",即:实施产业促进行动、实施设施联通行动、实施贸易便利行动、实施绿色发展行动、实施能力建设行动、实施健康卫生行动、实施人文交流行动、实施和平安全行动;为推动"八大行动"顺利实施,中国愿以政府援助、金融机构和企业投融资等方式,向非洲提供600亿美元支持,其中包括:提供150亿美元的无偿援助、无息贷款和优惠贷款;提供200亿美元的信贷资金额度;支持设立100亿美元的中非开发性金融专项资金和50亿美元的自非洲进口贸易融资专项资金;推动中国企业未来3年对非洲投资不少于100亿美元。同时,免除与中国有外交关系的非洲最不发达国家、重债穷国、内陆发展中国家、小岛屿发展中国家截至2018年年底到期未偿还政府间无息贷款债务。此外,双方还一致认为应共同坚持多边主义,抵制单边行径,支持联合国发挥核心作用。2018年中非合作论坛北京峰会推动了中非合作迈向更高的阶段,揭开崭新的一页。

中国与非洲国家的经贸合作历史悠久,20世纪90年代之后开始加速发展。中国和非洲国家互为双方重要的贸易伙伴国,自2009年开始,中国已连续9年成为非洲的第一大贸易伙伴国。从双边贸易额来看,2000—2017年,中国与非洲国家的贸易额从103.96亿美元增至1613.95亿美元,增长了约14.5倍(见图1-1)。中国的主要出口商品包括机电产品、农机具、化工产品、轻工、纺织品,主要进口商品包括能源类产品、矿产品和农林产品,如麻花、芝麻、阿拉伯胶、可可、烟草、原木等。非洲国家债务负担加重,债务风险上升,加之部分国家货币大幅贬值,购买力下降,这非常不利于中非之间贸易的进一步发展,不利于双方实现贸易平衡。20世纪90年代至今,中国对非洲国家的直接投资也增长较快,中国在非洲国家投资的企业数量从2008年的近1600家增至2016年的3254家,增长了一倍左右。自2003年到2016年,中国对非洲国家的直接投资流量从0.75亿美元增至23.99亿美元,投资存量从 4.91 亿美元增至 398.77 亿美元，如果加上来自中国香港等地区的投资，2017 年中国对非洲国家的投资存量将超过 1000 亿美元（见图 1-2）。非洲国家的债务风险不仅制约着自身的社会经济发展，也会对中非间的投资合作产生明显的负面影响，不符合双方的长期利益。

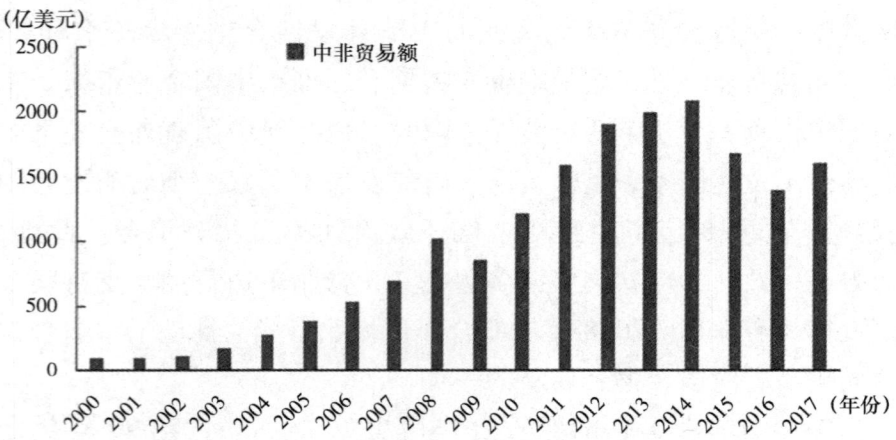

图 1-1　2000—2017 年中国与非洲贸易额

资料来源：Wind 数据库。

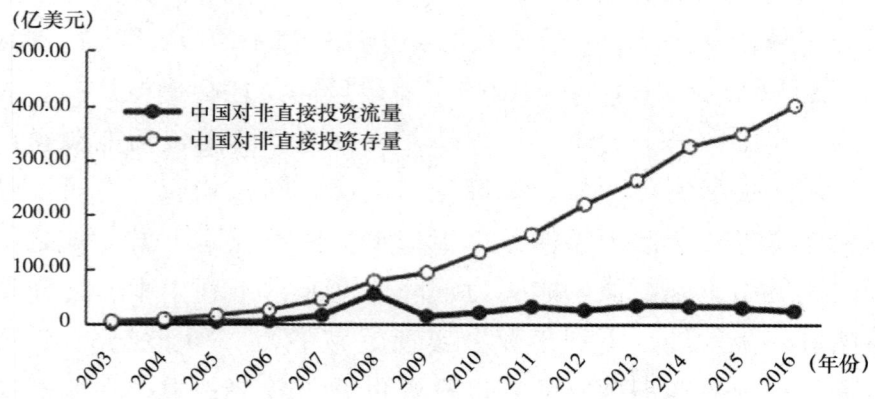

图 1-2　2003—2016 年中国对非洲直接投资流量和存量

资料来源：Wind 数据库。

进入2018年,中国所面临的国际形势愈发复杂和严峻,最主要体现在三个层面。第一个层面,反全球化浪潮在西方国家盛行,给全球化健康发展和国际经济合作带来了严峻挑战。保护主义会破坏全球产业链的正常分工体系,损害资源要素配置效率,降低全球市场的开放度和自由度。一国实施保护主义将会引发其他国家不同程度的反制,这种恶性循环的局面将导致世界各国更倾向于在全球经济竞争中持有零和博弈的态度,全球贸易壁垒将逐步增加,使世界各国陷入多输的局面。第二个层面,中美关系恶化,美国特朗普政府在2018年4月对中国发动了贸易战,7月贸易战进一步升级,目前中美贸易摩擦的长期走势还很难准确评估,但其持续会对中国、美国及全球经济都带来负面影响。对中国而言,首先会对中国的出口增速和贸易顺差产生直接影响。据摩根士丹利对中美贸易战影响的预测,在假设美国对中国商品全部征收15%、30%和45%三种税率的情况下,中国对美国出口将分别下降21%、46%和72%,中国总出口将分别下降4%、8%和13%[①]。2017年,中国对美国的出口总额为4298亿美元,美国加征关税和计划加征关税的产品已占到中国出口总额的一半左右。贸易摩擦的持续将压制中国出口部门的复苏势头,给中国经济增长带来明显压力。其次,贸易摩擦向其他领域的扩张会影响中国企业在海外投资和业务发展,不利于中国企业"走出去"。目前,中美贸易战已经逐渐从贸易争端扩展到投资、教育和国家安全等多个领域,已有多家中国企业在美国或全球的业务拓展受到了贸易战的波及。白宫列出了对美国具有威胁的中国企业,中兴、美的、中国化工、中国中车、中国商飞、中国航空工业和清华紫光等中国骨干企

---

① "Morgan Stanley on China-US trade war", *China Economy and Society*, http://michelegeraci.com/en/2017/01/23/morgan-stanley-on-china-us-trade-war/.

业都名列其中。再次，中国对美国的反制措施可能会抬高国内通货膨胀预期。中国从美国进口的货物中，农副产品占有较大份额。中国对进口大豆的依存度已达70%左右，美国大豆约占中国大豆消费的一半份额。在短期内进口缺口难以寻找到合适替代市场的情况下，对美国大豆加征进口关税必定会提升国内大豆价格，大豆价格上涨将产生连锁反应，影响食用油和肉制品等农副产品的价格水平，带来一定的通胀压力。最后，从全球角度看，贸易摩擦不仅会对中国经济产生影响，还会波及包括美国在内的全球经济。贸易摩擦规模的扩大将至少冲击全球价值4610亿美元的货物贸易，并影响全球2.5%的贸易往来和0.5%的全球GDP[①]，而发展相对脆弱的非洲国家经济显然更容易遭受冲击。第三个层面，随着中国"一带一路"倡议的持续推进和建设成果的取得，世界上越来越多的国家开始积极参与"一带一路"相关项目。但同时，来自国际社会的对"一带一路"倡议的恶意攻击有所增多，诸如指责中国的"一带一路"倡议框架不清、战略目标模糊且多元，中国通过"一带一路"项目将更多的发展中国家拉入债务泥潭等不实论调此起彼伏，部分"一带一路"沿线国家国内的不同派别也开始呼应这些不实指责，对"一带一路"建设设置各种各样的障碍。

面对复杂且严峻的国际形势，中国更需要非洲国家在国际事务中给中国以更大的支持，这就要求中国尽快协助非洲国家应对债务风险，不能让债务问题成为拖累中非关系的抓手。非洲国家债务问题持续的时间越长，风险就越高；非洲国家的不稳定因素越多，越不利于非洲国家债务问题的解决，对中非关系的负面影响也就越大；非洲国家债务风险越大，非洲国家经济就愈发脆弱，在国际舞台上的地位就将有所下降，长此以往，

---

① Morgan Stanley, "Trade Tensions: Lingering for Longer", http://www.theintellectual.net/images/2018/201807/201830m.pdf.

将导致南北力量更加失衡，不利于国际政治经济新秩序的建立。基于此，我们必须要深入探究当前非洲国家债务的真实状况，包括债务总量、债务结构（期限结构和来源结构），采用科学的分析框架评估非洲国家面临的真实的债务风险，厘清非洲国家债务累积的深层次原因；借鉴国际社会解决债务危机的历史经验和教训，从中国的视角提出应对非洲国家债务风险的措施。

二 主权债务问题相关理论和文献综述

（一）主权债务问题相关概念

对非洲国家的主权债务风险问题进行研究，首先要明确主权债务相关的概念。就借款人而言，国家是主权信用的载体，主权借款人就是国家[①]。但在实践中，能够代表国家的主权信用进行借款活动的部门和机构根据各国不同的法律规定而有所不同。《联合国国家及其财产管辖豁免公约》曾对此作出过统一解释，认为中央政府及其部门、有权行使主权的联邦制国家的地方政府及其部门可以代表国家作为主权借款人[②]。

主权债务的定义和范围是分析一国债务现状和潜在信用风险的关键所在。当前的文献对于主权债务并没有统一的定义，主权债务的所属范围也有所差异。从国内看，李扬等[③]从一国资产负债表角度出发对主权债务进行界定，认为我国主权债务包含中央政府的债务、政府部门的"准国债"、地方政府债务、国有企业债务以金融不良资产及其转化形式存在的或有负债以及

[①] 王稳等：《2015 年全球主权信用风险评级研究》，《保险研究》2016 年第 4 期，第 3—17 页。

[②] 张乃根：《国家及其财产管辖豁免对我国经贸活动的影响》，《法学家》2005 年第 1 期，第 28—32 页。

[③] 李扬、张晓晶、常欣等：《中国主权资产负债表及其风险评估（下）》，《经济研究》2012 年第 7 期，第 4—21 页。

以隐性养老金债务为主的社会保障基金缺口等。何代欣则采用了国际货币基金组织定义的公债来测算主权债务的规模，仅考虑了中央政府和地方各级政府债务[①]。从国外的相关研究看，对主权债务的界定主要考虑一国政府的公共债务和以国家主权为担保在国际金融市场借的外债。其中，巴罗（Barro）[②]和布兰查德（Blanchard）等[③]从财政的角度讨论一国的主权债务规模问题；伊顿（Eaton）和费尔南德斯（Fernández）[④]、莱因哈特（Reinhart）等[⑤]则从公共外债的角度对一国主权债务违约的概率进行分析。另外，随着主权信用违约互换（CDS）等金融衍生工具的创新以及欧洲债务危机的演化，一些学者也从国际金融市场角度对主权债务进行分析，如艾克勒（Eichler）和霍夫曼（Hofmann）等[⑥]。综上，学术界和国际机构衡量主权债务规模的指标主要为一国的外债或公债占 GDP 的比重。外债偿付压力增加可能导致一国的货币贬值和国际收支恶化；而公共债务的累积对于政局不稳、腐败频发的非洲国家也会带来不小的债务危机隐患。因此，本报告分别从外债和公共债务的角度来探

[①] 何代欣：《主权债务适度规模研究》，《世界经济》2013 年第 4 期，第 69—87 页。

[②] Barro R. J., "On the Determination of Public Debt", *Journal of Political Economy*, Vol. 87, No. 5, 1979, pp. 940 – 971.

[③] Blanchard O., Chouraqui J. C., Hagemann R. P., et al., *The Sustainability of Fiscal Policy: New Answers to An Old Question*, OECD: Economic Studies, 1990.

[④] Eaton J., Fernández R., "Sovereign Debt", *Handbook of International Economics*, Vol. 3, 2000, pp. 2031 – 2077.

[⑤] Reinhart C. M., "Default, Currency Crises, and Sovereign Credit Ratings", *World Bank Economic Review*, Vol. 16, No. 2, 2002, pp. 151 – 170.

[⑥] Eichler S., Hofmann M., "Sovereign default Risk and Decentralization: Evidence for emerging markets", *European Journal of Political Economy*, Vol. 32, 2013, pp. 113 – 134.

究非洲国家的债务状况。

　　当前的文献中对于主权债务风险的定义主要包括两类。一是主权风险是主权作为债务人违约的风险，指一国政府未能履行其债务所导致的风险，即直接的主权信用风险①；第二种则认为主权风险是主权直接或间接影响该国债务人违约的风险，② 包括政府对国外资金采取不利措施的风险，如实行价格或工资管制、冻结资产、禁止利润汇回、禁止撤回本金等。王稳等认为主权信用风险是指，一国的主权借款人未能及时、足额偿付其到期债务的风险，主要包括以下三点属性：第一，偿付意愿的重要性；第二，有限赔偿；第三，缺乏担保③。考虑到非洲国家国内复杂的政治经济形势，本报告的主权债务风险沿用了第二种定义，即主权直接或间接影响该国债务人违约的风险。在对债务风险的评估中，我们在测算各国直接的债务负担的同时，也考虑了经济增长、国际收支和政治稳定性等间接因素。

　　关于债务可持续性的内涵界定，目前的相关研究文献尚缺乏广受认可的衡量债务可持续性的指标。一般而言，对债务可持续性这一问题的考察包括对外债务和公共债务两方面内容，外债通常与经常账户余额的变化相联系，而公共债务通常与政

---

　　① Cantor R., Packer F., "Determinants and Impact of Sovereign Credit Ratings", *Journal of Fixed Income*, Vol. 6, 1996, pp. 37 – 53.

　　② Eaton J., Fernández R., "Sovereign Debt", *Handbook of International Economics*, No. 3, 2000, pp. 2031 – 2077；曹荣湘：《国家风险与主权评级：全球资本市场的评估与准入》，《经济社会体制比较》2003 年第 5 期，第 91—98 页；陆留存、田益祥：《主权信用评级的决定因素研究——基于一般面板数据和面板有序概率方法的分析》，《管理学家》（学术版）2011 年第 5 期，第 39—48 页。

　　③ 王稳等：《2015 年全球主权信用风险评级研究》，《保险研究》2016 年第 4 期，第 3—17 页。

府的基本预算余额状况的变化相联系①。在主权债务可持续性基本内涵的界定方面，有多种竞争性的定义。国际货币基金组织、欧洲中央银行等权威机构都给出了主权债务可持续的定义。国际货币基金组织基于预算约束的角度给出了债务可持续的条件：在给定融资成本，且没有出现重大调整的情况下，如果债务满足可清偿性条件，则其是可持续的。其中，债务可清偿性是指未来的基本账户盈余应足够的大，以至于能够偿还债务的本金和利息②。与国际货币基金组织类似，欧洲中央银行也是基于偿付能力给出了政府债务可持续性的定义：政府积累的债务在任何时候均可被及时清偿，政府具有偿付能力和流动性③。本报告中对债务可持续性的定义采用了国际货币基金组织的定义：在给定融资成本，且没有出现重大调整的情况下，如果债务满足可清偿性条件，则其是可持续的。后文还将对国际货币基金组织的债务可持续性分析框架进行介绍。

本报告中涉及三个指标。第一个指标是负债率，即外债总额占GDP的比重；该指标反映一国经济发展对外债的依赖程度，是反映外债风险的长期和总体指标；国际上公认的该指标的警戒线为40%。第二个指标是债务率，即外债余额与出口收入的比率，在债务国没有外汇储备或不考虑外汇储备时，这是一个衡量外债负担和外债风险的主要指标；国际上公认的该指标的警戒线为小于100%。第三个指标是偿债率，即当年外债还本付息额占当年商品和劳务出口创汇的比重，由于出口创汇是外债还本付息的直接来源，因此偿债率被看

---

① Wyplosz C., "Debt Sustainability Assessment: The IMF Approach and Alternatives", *Iheid Working Papers*, 2007.

② IMF, "Assessing Sustainability", *IMF Staff Paper*, No. 02/28/2002, 2002.

③ ECB, "Analyzing Government Debt Sustainability in the Euro Area", *ECB Monthly Bulletin*, April 2002.

作是衡量外债风险最重要的指标；国际上公认的该指标的警戒线为 20%。

（二）主权债务问题相关研究

近年来，债务危机在世界多个国家轮番爆发，成为国际社会关注的热点问题之一；国内外对于主权债务问题的相关研究也不断增加，研究的范围、水平不断提高。从 20 世纪 70 年代起，国际上发生的严重的主权债务危机包括 20 世纪 70 年代拉美国家的主权债务危机、20 世纪 80 年代末到 90 年代初中东欧国家的主权债务危机、1994 年墨西哥的主权债务危机、1998 年俄罗斯的主权债务危机、2002 年阿根廷的主权债务危机以及 2008 年国际金融危机后发生在迪拜和欧盟部分国家的债务危机等。主权债务违约往往是风险积累的结果，主权债务危机发生的原因通常也是多种多样的，例如货币贬值、资本外逃、负债过多、经济衰退等[1]。

由于对于主权债务风险的定义没有统一的标准，目前评级机构和学术界采用的主权风险度量和评估方法存在一定的差异。从机构方面看，世界主要评级机构都有专门的主权信用评级标准。标准普尔对主权债务风险的衡量包含了定性和定量两种标准[2]。在定量方面借用经济金融指标数据来做分析，而定性方面主要是对主权信用进行展望。标准普尔的衡量指标一般有八大类，分别是：政治、收入水平、经济结构、经济增长展望、财政弹性、公共债务负担、国际收支弹性、外债与流动性。与标准普尔的定义相类似，穆迪的长期主权债务评级对一个债券发

---

[1] 金鹏：《主权债务危机视角下的主权风险分析》，硕士学位论文，东北财经大学，2010 年。
[2] 《中诚信国际信用评论》，《中诚信信用评估报告》，2010 年。

行者完全及时的偿付本息的能力和意愿进行风险评估①。穆迪对于主权债务风险采取了分步骤评级的方法：首先，对一国的经济实力进行评估；其次，对政府的财务稳健性进行评级；最后，对经济实力、体制实力、政府财务实力和国家对风险事件敏感性的综合评价，形成主权风险评级结果。

当前的评级机构对国家主权信用的评级方法具有明显的缺陷。首先，评级公司之间的评级相关程度比较弱，评估结果存在不一致性。埃尔布（Erb）、哈维（Harvery）和维斯坎塔（Viskanta）（1995）的研究表明，标准普尔和穆迪的主权信用评级与红十字国际委员会（ICRC）的经济评级的秩相关仅为48%②。其次，由于道德风险、利益冲突和双重标准等问题的存在，评级机构对主权债务的评级不能对债务危机进行很好的预测，仅能作为主权债务危机的滞后指标。

在学术界，康托尔（Cantor）和帕克（Packer）通过对标准普尔和穆迪的评级指标和类别的分析和归纳，提出了一个被广泛认可的评估指标体系CP模型。其衡量的指标包括一国的国民人均收入、经济增长率、通胀率、财政收支、国民收支和信用状况③。1997年亚洲金融危机后，尤特纳（Juttner）和麦卡锡（McCarthy）在CP模型中加入新的5个变量来解释亚洲金融危机出现后的主权债务风险评估④。对调整后的CP模型进行的回归检验结果显示，调整后的模型的总体解释力有所提高，R^2从

---

① 黄瑾轩：《从金融危机视角对评级公司主权评级模型的分析和修正》，硕士学位论文，厦门大学，2009年。

② Erb C. B., Harvery C. R., Viskanta T. E., "Inflation and World Equity Selection", *Financial Analysts Journal*, Vol. 51, No. 6, 1995, pp. 28 – 42.

③ Cantor R., Packer F., "Determinants and Impact of Sovereign Credit Ratings", *Journal of Fixed Income*, Vol. 6, 1996, pp. 37 – 53.

④ Juttner J. D., McCarthy J., *Modeling a Ratings Crisis*, *Unpublished*: Sydney, Australia: Macquarie University, 1998.

85%提升到88%，标准差从1.9降至1.7。另外，戈迪（Gordy）[①]基于莫顿期权定价模型（B-S-M Model）提出了信用风险定价模型，进一步拓展了主权信用风险分析的途径。

在评估主权风险的方法上，CP模型与机构的主权风险评级模型基本一致，仅在影响参数上有所改动，因此CP模型常用来对机构的主权评级进行检验。本报告认为，在机构主权评级模型的基础上，CP模型增加了政治因素、法律因素和经济改革因素等新的变量，能够更全面地分析各国的主权债务风险。CP模型中的六大指标中，主权国家的人均收入与偿债能力成正比，即人均收入高的国家一般来看偿债能力更强；人均收入也可以作为政治相关定性分析因素的替代因素，弥补定性分析的不足。经济增长率也与偿债能力成正比，高经济增长率的国家通常能不断积累财富，债务潜在偿还能力得以不断提高。通货膨胀率则与偿债能力成反比，高通胀率通常与宏观经济政策有关，有引发债务违约的可能。财政收支则最直接的决定了国家的到期债务偿还能力和意愿，财政赤字通常是引发主权债务违约的直接因素。经常账户逆差持续会导致主权国家主权债务的累积，增加主权信用风险。此外，一国的历史信用状况也明显对该国的主权信用风险产生影响。当然，由于政治、法律和改革等因素的不可定量性，CP模型对于主权风险的评估的精确性稍差，这也是存在的显著问题之一。

（三）非洲国家债务问题相关研究

国际上对于非洲国家债务问题的研究兴起于20世纪80年代非洲国家爆发债务危机后，在很长的一段时间内，关于非洲国家债务风险研究的成果都来自西方发达国家。进入21世纪，随

[①] Gordy M. B., "Saddlepoint Approximation of Credit Risk", *Journal of Banking & Finance*, Vol. 26, No. 7, 2002, pp. 1335–1353.

着中国与非洲国家经贸合作关系的不断密切,双方互为对方重要的经贸合作伙伴,非洲国家债务问题对中非经贸合作产生了明显的即期影响或潜在影响,中国国内各界对非洲国家债务问题的相关讨论和研究开始不断出现。

非洲国家债务问题起因于20世纪50—70年代非洲国家为发展经济向西方国家大举借债。20世纪70—80年代,由于外部的经济波动和非洲国家自身在发展中存在的显著问题,非洲国家债务状况不断恶化,各国债务危机此起彼伏,严重影响了本国经济发展和国际金融市场的稳定①。1974年,撒哈拉以南非洲地区的债务总额为148亿美元,到1986年年底,据世界银行的估计,非洲地区债务总额已经攀升到1020亿美元,相当于非洲各国出口总额的312.6%和GDP的69.8%②。

对于非洲国家债务问题产生的原因,国内外学者都进行了深入的研究。阿迪德吉(Adedeji)认为,第二次世界大战之后全球经济增长的成果没有在穷国和富国之间公平分配,不合理的国际秩序使得非洲国家的外债水平迅速提高,对其国内经济产生了深刻影响③。宋鹏和高春颜认为,非洲国家债务问题的产生有着历史和现实的原因,包括经济发展理论缺失、工农业发展不平衡、出口结构单一和不合理的国际经济关系和贸易条件等④。奇米尼亚(Chiminya)、邓恩(Dunne)和尼古拉迪(Ni-

---

① 陈旻辉:《非洲债务可持续问题及对中非合作的影响》,《国际经济合作》2018年第2期,第27—30页。

② Callaghy T. M., "Debt and Structural Adjustment in Africa: Realities and Possibilities", Issue A, *Journal of Opinion*, Vol. 16, No. 2, 1988, pp. 11 – 18.

③ Adedeji A., "Foreign Debt and Prospects for Growth in Africa During the 1980s", *Journal of Modern African Studies*, Vol. 23, No. 1, 1985, pp. 53 – 74.

④ 宋鹏、高春颜:《从全球治理的视角看非洲债务问题》,《改革与开放》2007年第6期,第15—16页。

kolaidou）对36个撒哈拉以南非洲国家1975—2012年的债务状况研究发现，除经济因素外，政治因素也对该地区国家的债务负担产生了明显的影响；该地区民主政府积累的债务多于专制政府，议会制度比总统制国家积累的债务更多①。

一些研究发现，主权债务的规模和用途是影响非洲国家债务可持续性和债务在经济增长中作用的关键。门萨（Mensah）等的研究发现，非洲重债穷国（HIPC）在债务可持续性方面存在重大问题，外债很大程度上被投入到消费而非投资中②。伊约哈（Iyoha）通过计量模型研究了外债对撒哈拉以南非洲国家经济增长的影响，结果显示，不断增加的外债通过"抑制"效应和"挤出"效应抑制了投资的增加③。另外，杨宝荣关于中国对非洲国家债务脆弱性的研究显示，中国在非洲国家的债务减负进程中发挥了积极作用。在积极对非债务减免的同时，中国通过扩大经济合作等方式提高了非洲经济发展水平，增强了偿债能力④。不同于传统的债务关系，中国对于非洲的借贷和援助更多地刺激了非洲国家的出口、基础设施投资和经济增长，对非洲各国的债务可持续性产生了积极影响⑤。

---

① Chiminya A., Dunne J. P., Nikolaidou E., "The Determinants of External Debt in Sub Saharan Africa", *School of Economics Macroeconomic Discussion Paper*, 2018.

② Mensah D., Aboagye A. Q. Q., Abor J. Y., et al., "External Debt among HIPCs in Africa: Accounting and Panel VAR Analysis of Some Determinants", *Journal of Economic Studies*, Vol. 44, No. 3, 2017, pp. 431-455.

③ Iyoha M. A., "External Debt and Economic Growth in Sub-Saharan African Countries: An Econometric Study", AERC Reasearch Paper, No. 90, 1999.

④ 杨宝荣：《债务与发展：国际关系中的非洲债务问题》，社会科学文献出版社2011年版。

⑤ Reisen H., "Is China Actually Helping Improve Debt Sustainability in Africa?" *G24 Policy Brief*, 2007.

对于如何解决非洲国家债务问题，一些学者提出了自己的观点和政策建议。陈允欣认为，为减轻债务负担，非洲国家当前应更加重视农业发展，控制人口的高速增长，并积极改变单一的经济结构，实现经济多元化发展①。而从长期来看，非洲国家债务问题的解决一方面需要非洲国家自身不懈努力，加快国民经济的发展，改善投资环境，提高国民储蓄率，拓展资金来源；另一方面也需要西方发达国家应从全球经济发展的角度出发，把建立公正的国际经济秩序作为解决非洲国家债务问题的切入点②。

综上，对非洲国家债务问题的研究多集中于对20世纪80年代的非洲国家债务问题的讨论，而对21世纪以来的非洲国家债务问题缺乏系统的研究，尤其缺乏测算和实证研究。这一点在国内学者的研究中体现得尤为突出。国内学者通常更乐于讨论非洲国家债务产生的原因和造成的影响等。对于非洲国家债务问题产生的原因，主流的观点认为，除不合理的国际秩序和西方国家的纵容外，非洲国家自身存在的发展规划不合理、农业不发达、政治局势不稳定和经济结构单一等问题也是产生债务危机的主要原因。2018年开始，国际社会关于中国增加了非洲国家债务负担的声音开始出现，国内已有的对此类不实指责的反驳主要采取定性研究的方式来阐述，仅有的一些数据方面的证据也是来自于西方学者的相关研究，这种反驳方式在说服力上有所欠缺。国内学者相关的研究思路和能力存在不足，难以采用具体数据反驳的首要原因在于无法完整采集中国各类机构对非洲国家贷款的准确数据，很多机构在本无保密必要的数据方面实行保密，这是国内学者研究面临的最大的困境之一，也

---

① 陈允欣：《非洲严峻的债务问题》，《上海师范大学学报》（哲学社会科学版）2001年第4期，第108—112页。

② 安春英、孟立红：《解决债务问题：新世纪非洲经济发展的当务之急》，《西亚非洲》2001年第5期，第44—47页。

是造成国际社会对中国与非洲经贸合作透明度质疑的重要原因。关于解决非洲国家债务问题的途径，国内外学者的观点虽在具体措施上有差异，但总体上都认为：除了依靠国际社会的努力外，非洲国家摆脱债务危机还必须靠自身的努力；关于非洲国家自身努力的方向，实现经济多元化是国内外学者较统一的观点，尽快推进工业化进程和实现农业生产升级是学者提出较多的手段，国内学者也较多地关注了非洲国家开展国际产能合作的重要性。

三 非洲国家债务现状

（一）非洲国家总体债务状况

1995年以来，非洲经济中长期存在的通胀顽疾逐步得到控制。与此同时，非洲经济增长开始进入一个较稳定时期。2002—2007年，非洲实际GDP增长率保持在5%以上，通胀率也基本控制在10%以内。增长率和通胀率"一高一低"的局面标志着非洲经济进入了一个比较理想的发展期①。受2008年国际金融危机和2011年"阿拉伯之春"的冲击，2009年非洲经济增速降到2.7%，2011年又跌至1.1%。但随后非洲经济展现出良好的弹性，2012年经济增速恢复到5.0%，远超2.2%的世界平均水平。2012—2017年，非洲经济年均增长率为3.98%，高于全球平均水平②。非洲发展银行发布的《2013—2022年的战略——以非洲转型发展为基础》报告认为，2016年以后的较长一段时间内，非洲经济仍将保持较为快速的增长③。国际货币基金组织在

---

① IMF, *World Economic Outlook Database*, *Sustaining the Recovery*, October 2009.

② IMF, *Cyclical Upswing*, *Structural Change*, *World Economic Outlook*, April 2018.

③ African Development Bank Group, "AfDB Strategy for 2013 – 2022 – At the Center of Africa's Transformation", May 16, 2013, p. 5, http://www.afdb.org/en/documents/document/afdb-strategy-for – 2013 – 2022 – at-the-center-of-africas-transformation – 31420/.

《2017世界经济展望——谋求可持续增长》报告中指出,2018年非洲经济增速将由2017年的2.8%上升为3.4%,未来一段时间将保持平稳增长①。回顾1995年以来的非洲经济发展,我们有理由认为这是非洲独立以来持续时间最长、增长最快的发展阶段。长期以来,经济结构单一是阻碍许多非洲国家发展最大的瓶颈之一。实现经济多元化是解决这一问题的重要方案,经过多年努力,有些非洲国家的经济多元化初见起色,部分非洲国家经济实现了更快发展,逐步成长为世界重要的新兴经济体。

然而,伴随经济增长的是非洲国家债务的持续累积,近年来非洲国家潜在的债务危机已经成为一个不容忽视的问题。国际货币基金组织表示,乍得、南苏丹、刚果(布)和莫桑比克在2017年陷入了"债务危机",令人担忧的是,还有许多非洲国家将陷入债务陷阱,破坏经济发展。发展智库全球发展中心(Center for Global Development)主席马苏德·艾哈迈德(Masood Ahmed)表示,非洲国家债务负担沉重,该地区增加的债务是由寻求高收益资产的商业银行促成的。虽然负债率仍低于导致重债穷国的水平,但风险却更高②。受2008年国际金融危机的影响,美国、欧盟、日本等西方主要发达国家陆续实行量化宽松政策,低利率导致西方发达国家的金融机构将眼光投向非洲,期望从非洲国家获得更高的投资回报。同时,非洲多数国家经济发展仍然滞后;经济结构单一,对某一产业和国际市场的依赖性强;政府财政收入来源有限,无法完全借助本国力量支持国内基础设施建设和社会公共服务,从国际社会融资成为多数非洲国家政府的最优选择。国际金融机构与非洲国家政府的需求相吻合,容易达成一致,非洲各国开始逐渐增加国际

---

① IMF, *World Economic Outlook-Seeking Sustainable Growth, Short-Term Recovery, long-Term Challenges*, October 2017, p. 18.

② 《非洲国家陷入新的债务危机》, http://finance.eastmoney.com/news/1351, 20180420860818452.html。

融资数量，债务总额开始出现快速累积。

近几年，随着全球经济日渐复苏，西方发达国家又开始了逐渐退出量化宽松政策的步伐，进入了加息通道，比如美联储自2015年12月以来数次加息，已将联邦基金目标利率提至1.25%—1.5%，美联储在2018年已经三次加息，最近一次发生在2018年9月27日，美国联邦储备委员会宣布上调联邦基金利率目标区间25个基点至2%—2.25%区间，这是美联储2015年12月开启本轮货币政策紧缩周期以来的第八次加息。美联储连续加息使新兴经济体面临国际资本大幅外流的风险，部分国家不得不提高利率以避免资本大幅外流和本币贬值，使新兴经济体的货币政策面临紧缩压力。这导致非洲国家面临的偿债压力增大。而多数非洲国家经济发展较为脆弱，易受自然灾害、国际市场及政治安全突发事件的影响，经济增长的可持续性面临较大的不确定性。例如，受经济体量约占非洲大陆总规模一半左右的尼日利亚和南非（2016年两国的GDP占非洲GDP总量的29.3%和19.1%）经济增速放缓的影响，2016年非洲大陆经济增长率由2015年的3.4%迅速降至2.2%[①]。较大规模的债务总额和经济增长的不确定性为非洲国家债务可持续性画上了问号。

学术界通常用负债率（外债占GDP的比重）和公共债务占GDP的比重这两个指标来对一个国家的债务状况进行描述。根据国际货币基金组织和世界银行的定义，外债是包括一切对非当地居民以外国货币或当地货币为核算单位的有偿还责任的负债。外债是非洲债务的重要组成部分。如果一个国家外债偿还压力较大，通常国外投资者对该国的投资行为会更谨慎，一般将导致国际直接投资下降，而国际直接投资的下降和资金的流出将导致货币的贬值和利率提高，进一步增大该国外债偿还压力，形成恶性

[①] AfDB, OECD, UN, *African Economic Outlook-Entrepreneurship and Industrialisation*, June 2017.

循环，最终导致债务危机的发生。公共债务则指的是政府为筹措财政资金，凭其信誉按照一定程序向投资者出具的，承诺在一定时期支付利息和到期偿还本金的一种格式化的债权债务凭证。公共债务是政府收入的一种特殊形式，以政府信用或财政信用为担保。对于经济运行平稳、政局稳定的国家而言，即使公共债务发行水平较高，一般也认为其面临较低的债务风险；然而一些非洲国家或长期政局不稳、政权更迭频繁，或民族冲突、宗教冲突不断，或政府治理能力低下、腐败问题严重，都使其面临较大的政治或经济社会层面的不确定性。一方面较高的不确定性意味着较低的政府信用，另一方面政治社会动荡会极大地阻碍国民经济发展，这都会使非洲国家面临较高的债务风险。本报告也分别从外债和公共债务的角度来探究非洲国家的债务状况。

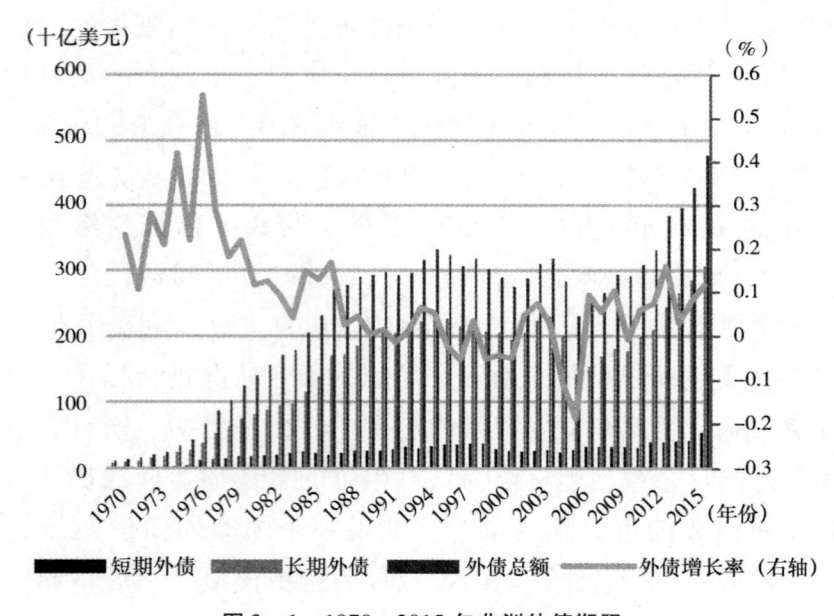

图 3-1　1970—2015 年非洲外债期限

资料来源：Wind 数据库。

从图 3-1 可以看出，20 世纪 70 年代以来，非洲国家总体外债持续增加，年增长率保持在 10% 以上，70 年代末期更是一度高达50%左右。到2005年，非洲国家外债总额累计超过3000亿美元，非洲国家每年大量财政收入用于偿还到期债务。一方面为了避免非洲国家出现大范围的债务危机，波及自身；另一方面为了鼓励非洲国家继续向发达国家借贷，西方发达国家在2005年免除了部分非洲国家的债务，这一举措使非洲国家的外债总额在2006年迅速下降。2006年，非洲地区首次发行了主权债券，之后其债券发行规模开始逐渐增加；同期，非洲各国举借外债再度加速，2006年至今，非洲国家的平均外债增长率继续保持在10%左右，远高于平均GDP增长率，到2016年，非洲地区外债总额首次超过了6000亿美元[①]。

从图3-2中可以看到，2006年之前，非洲国家总体外债负债率呈下降趋势，这主要得益于20世纪90年代以来非洲经济的较快发展，及国际货币基金组织和世界银行提出和实施"重债穷国减债计划"。2006—2014年，非洲国家外债负债率保持相

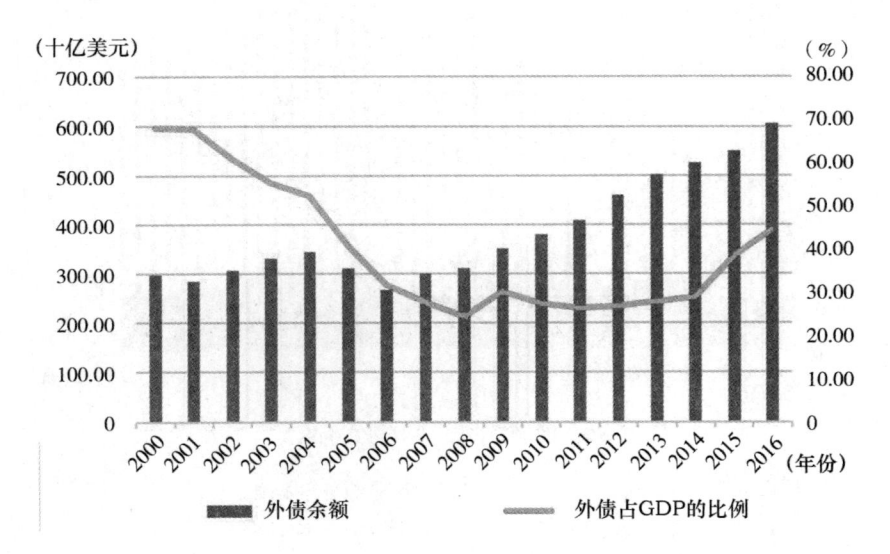

图3-2　2000—2016年非洲国家总体外债状况

资料来源：Wind数据库。

---

① 此数据均来自Wind数据库。

对稳定，从2014年开始，外债负债率开始呈现明显上升趋势。主要原因是原油矿产等国际大宗商品价格的下跌，及全球性经济增长放缓使部分非洲国家经济陷入困境，美元加息又使国际金融市场的融资成本上涨，大量资本从非洲国家撤离，导致非洲国家货币大幅贬值，从而使经济形势进一步恶化，货币贬值还加重了以美元计价的外债负担，非洲国家政府的财政收入难以抵销日益增长的债务和利息需求。

同时值得注意的是，从图3-3可以看到，2006年之后，非洲国家长期外债占总外债的比例由70%下降至60%，短期债务占比则有相应的上升，这说明近年来非洲国家的中短期债务水平提高，偿债期限变短，债务风险加大。

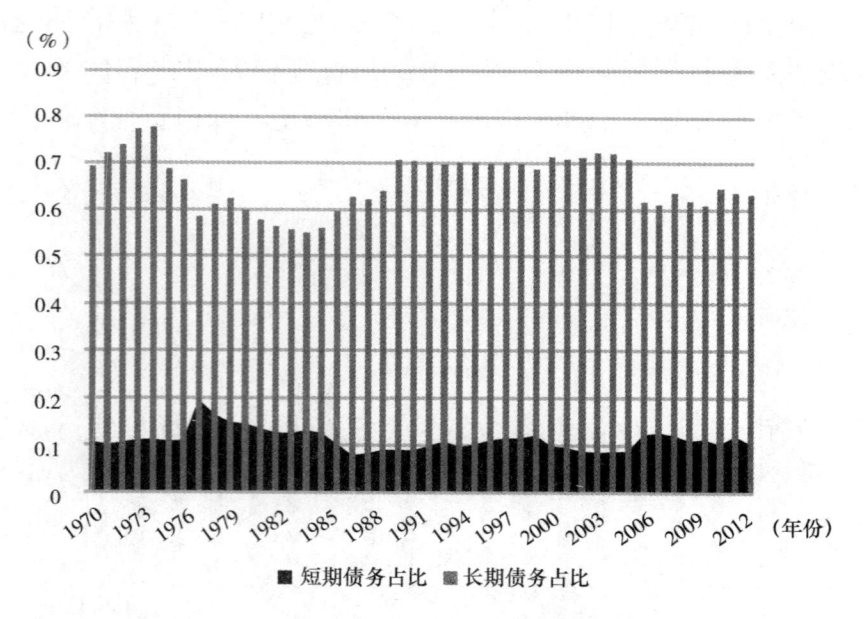

图 3-3 1970—2012年非洲外债期限

资料来源：Wind 数据库。

图3-4显示的是非洲五大次区域的外债变化状况。2000—2016年，非洲外债总体增长了3063亿美元，其中南部非洲地区的外债增长了1760亿美元，占非洲总体外债增长的57.5%；北

部非洲地区的外债增长了 652 亿美元,占总体外债增长的 21.3%;东部非洲地区的外债增长了 546 亿美元,占总体外债增长的 17.8%;西部非洲地区的外债增长了 199 亿美元,占总体外债增长的 6.5%。中部非洲地区的外债总体呈下降趋势,2011 年其外债规模达到历史最低点,之后又有所回升,但相对于非洲其他次区域,其外债规模仍相对较低,2000—2016 年中部非洲地区的外债减少了 96 亿美元[①]。在 2006 年之前,北部、西部和南部非洲地区在非洲总体外债中所占比重相对较大;2006 年之后,除中部非洲地区外,其他四个非洲次区域的外债均有不同程度的增加,其中南部非洲地区的外债增加量最大,在非洲总体外债中的占比进一步加大。

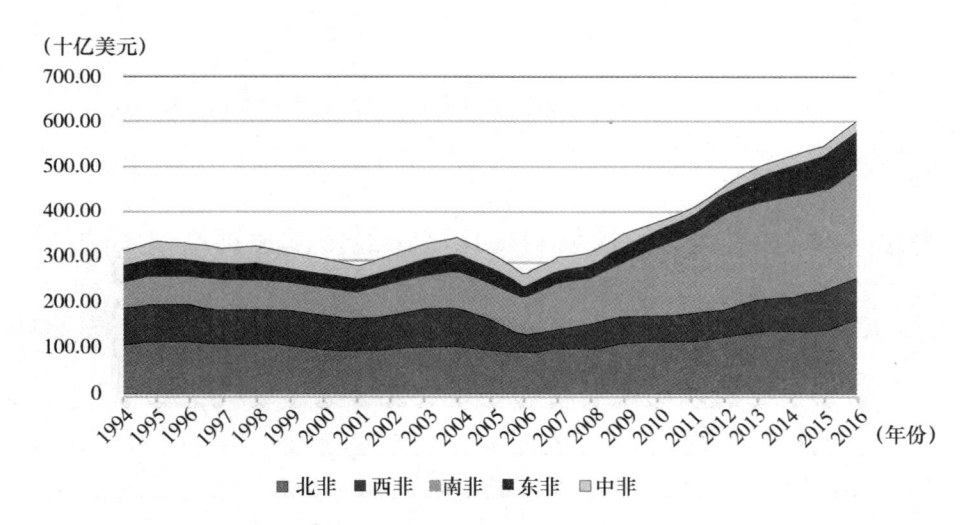

图 3-4 非洲各次区域的外债状况

资料来源:Wind 数据库。

目前,多数非洲国家的偿债压力都很大,很多非洲国家的外债利率增长速度高于经济增长速度。如图 3-5 显示,赤道几内亚的外债利率比名义经济增速高出了 28%;乍得、南苏丹、

---

① 此数据均来自 Wind 数据库。

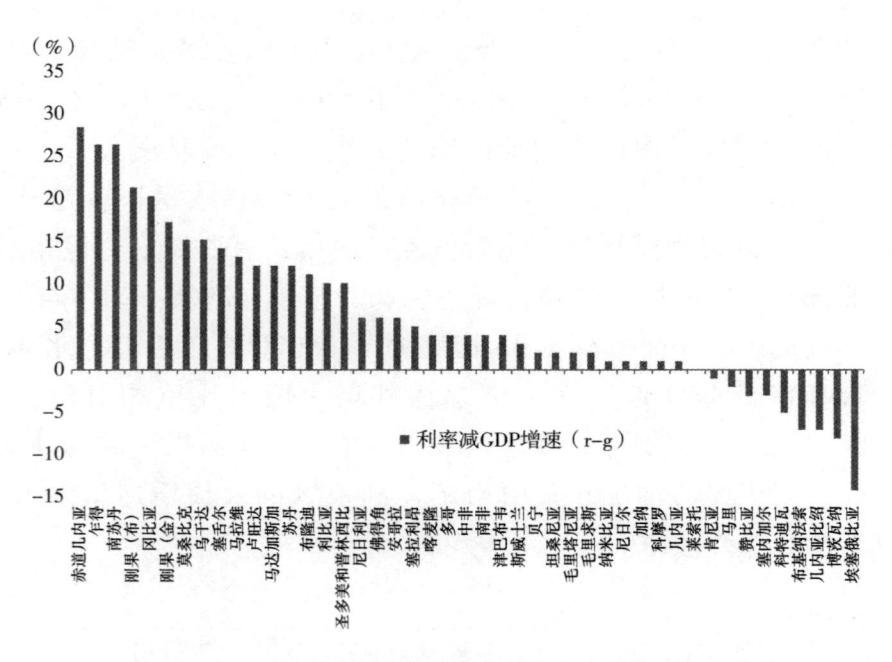

图 3-5　2016 年撒哈拉以南非洲国家外债利率与 GDP 增速差

资料来源：Wind 数据库。

刚果（布）、冈比亚的外债利率比名义经济增速都高出了 20% 以上；刚果（金）、莫桑比克、乌干达、塞舌尔、马拉维、卢旺达、马达加斯加、苏丹、布隆迪、利比亚、圣多美和普林西比的外债利率比名义经济增速高出了 10% 以上；尼日利亚、佛得角、安哥拉、塞拉利昂、喀麦隆、多哥、中非、南非、津巴布韦的外债利率比名义经济增速高出了 3%—6%。很多国家的利息支出占财政收入比重较高，比如埃及和尼日利亚，见图 3-6。

非洲国家较大的汇率波动也加剧了债务风险。随着美元的走强，近几年多数非洲国家货币兑美元都出现了一定幅度的贬值，部分国家货币贬值幅度较大。如 2016 年马拉维克瓦查贬值了 30.42%，安哥拉宽扎贬值了 26.64%，尼日利亚奈拉贬值了 24.08%，埃及镑贬值了 23.33%，赞比亚克瓦查贬值了 16.29%；2017 年尼日利亚奈拉贬值了 11.80%，埃塞俄比亚比尔贬值了 18.52%，突尼斯第纳尔贬值了 8.13%；这又加重了非洲国家的债务风险。

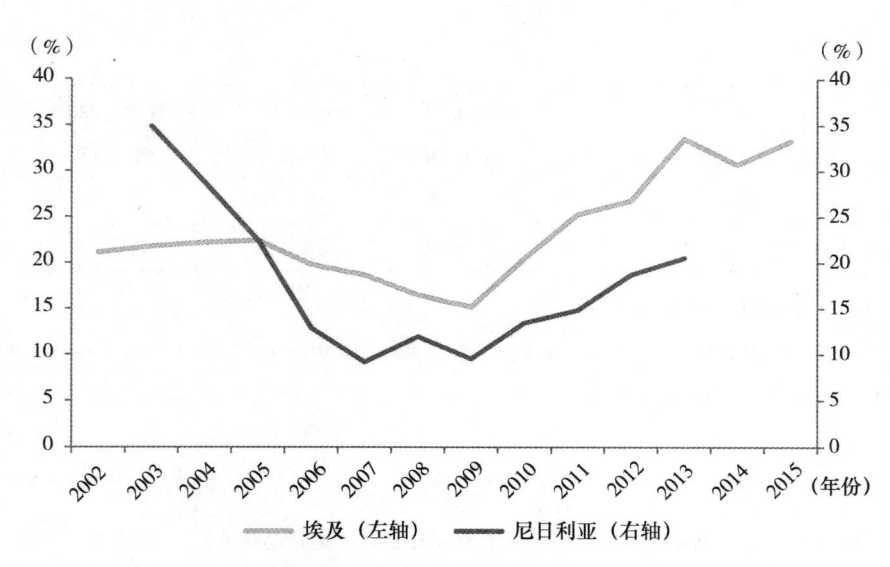

图 3-6 埃及与尼日利亚利息支出占财政收入比重

资料来源：Wind 数据库。

表 3-1　　2015—2016 年部分非洲国家货币对美元汇率变动

国家	2015 年	2016 年	对美元贬值
博茨瓦纳普拉（BWP）	10.13	10.9	7.06%
加纳赛地（GNS）	3.67	3.91	6.14%
赞比亚克瓦查（ZMW）	8.63	10.31	16.29%
尼日利亚奈拉（NGN）	192.44	253.49	24.08%
肯尼亚先令（KES）	98.18	101.5	3.27%
南非兰特（ZAR）	12.76	14.71	13.26%
突尼斯第纳尔（TND）	1.96	2.15	8.84%
卢旺达法郎（RWF）	720.98	787.25	8.42%
非洲法郎（XOF）	591.45	593.01	0.26%
马拉维克瓦查（MWK）	499.61	718	30.42%
毛里塔尼亚乌吉亚（MRO）	32.47	35.24	7.86%
坦桑尼亚先令（TZS）	1991.39	2177.09	8.53%
埃塞俄比亚比尔（ETB）	20.58	21.73	5.29%
马达加斯加阿里亚里（MGA）	2933.51	3176.54	7.65%

续表

国家	2015年	2016年	对美元贬值
安哥拉宽扎（AOA）	120.061	163.656	26.64%
埃及镑（EGP）	7.69	10.03	23.33%
阿尔及利亚第纳尔（DZD）	100.691	109.443	8.00%

注：汇率为年度平均汇率。

资料来源：世界银行公开数据库，https：//data.worldbank.org.cn/indicator/PA.NUS.FCRF? end = 2016&locations = DZ-AO-CL-MN&start = 2015&year_low_desc = false。

表3-2　2016—2017年部分非洲国家货币对美元汇率变动

国家	2016年底	2017年底	对美元贬值
乌干达先令（UGX）	3617.25	3629.05	0.33%
加纳赛地（GHC）	4.234	4.5082	6.08%
赞比亚克瓦查（ZMK）	9.96	10	0.40%
尼日利亚奈拉（NGN）	314	356	11.80%
肯尼亚先令（KES）	100.46	101.31	0.84%
突尼斯第纳尔（TND）	2.3082	2.5124	8.13%
卢旺达法郎（RWF）	818.62	845.53	3.18%
马拉维克瓦查（MWK）	714.25	721.62	1.02%
坦桑尼亚先令（TZS）	2130	2191	2.78%
埃塞俄比亚比尔（ETB）	22.141	27.172	18.52%
安哥拉宽扎（AOA）	165.75	165.92	0.10%

注：汇率为年度平均汇率。

资料来源：世界银行公开数据库，https：//data.worldbank.org.cn/indicator/PA.NUS.FCRF? end = 2016&locations = DZ-AO-CL-MN&start = 2015&year_low_desc = false。

非洲国家的债务可持续性问题比以前更加严峻。非洲国家政府之前更多地从国际金融组织获取贷款，如国际货币基金组织、世界银行和非洲开发银行等。近些年，非洲国家从私营部门获得的贷款比重显著增加。如埃塞俄比亚、莫桑比克、尼日利亚和南非都发行了大量公司债。2018年4月世界银行发布的《非洲脉动》报告也指出，在过去几年中，非洲国家的债务组合构成发生了变化，逐渐远离传统的优惠融资来源，转向新的双边贷款和更多以市场为基础的借贷。多边债务和优惠债务在非洲国家的外部公共债务总额中的份额在2005年达到顶峰，此后占比不断下降，截至2016年，多边债务和优惠债务平均占外部公共债务的比例不到40%[1]。国际金融组织向非洲国家发放贷款时通常会有非常严苛的条件，比如意图改善非洲国家经济状况的"结构调整"方案等，而私营部门的贷款通常不设置苛刻的条件，尤其不会设置任何干预非洲国家政府政策的相关条件。一旦非洲国家出现债务问题时，国际金融组织通常会选择与非洲国家谈判并继续发放贷款，也会给予各种形式的援助和救助，但私营部门则不会采取这样的方式，会采用更为市场化的方式予以处理和应对。

（二）非洲次区域和部分国家的债务状况[2]

非洲大陆幅员辽阔，资源禀赋、地理环境、制度体制和经济发展道路的差异使不同国家间呈现出明显的发展差距；既有经济总量较大的世界新兴经济体，如作为非洲经济发展最成熟的国家南非，人口众多、经济活跃的非洲经济领头羊尼日利亚；也有独具资源禀赋，经济发展势头良好的国家，如油气资源丰

---

[1] World Bank, "Africa's Pulse, An Analysis of Issues Shaping Africa's Economic Future", Arpil 2018, Vol. 17, http://www.worldbank.org/content/dam/Worldbank/document/Africa/Report/Africas-Pulse-brochure_Vol9.pdf.

[2] 本小节采用的数据，如无特殊说明，均来自Wind数据库。

富的安哥拉、阿尔及利亚,矿产资源丰富的赞比亚,居非亚欧三大洲枢纽的埃及等;还有多个全球最不发达国家,如被联合国列为全球最贫穷的国家之一的马拉维,长期社会动荡的索马里等。不同非洲国家的债务状况也千差万别,呈现出非常不同的特点。本报告将非洲大陆划分为北部非洲、东部非洲、西部非洲、南部非洲和中部非洲五个次区域,主要依据数据的可得性,同时兼顾代表性,从每个次区域中选取数个国家对其债务状况进行分析,以期管中窥豹,探求每个次区域债务状况及其特点。当然,如果能对所有的非洲国家债务状况都进行详细的研究和阐述是最理想的,笔者将在未来的研究工作中逐步予以补充和完善。

1. 北部非洲地区的债务状况

本报告中的北部非洲地区包括埃及、阿尔及利亚、摩洛哥、突尼斯、利比亚、苏丹和南苏丹七个国家,基于数据的可得性,选取了埃及、阿尔及利亚和苏丹三个国家为代表,进行债务状况的分析和比较。

2011年年底爆发"阿拉伯之春"后,埃及政局和社会连续多年动荡不安,即使国内政局稳定下来后,经济增速明显放缓的趋势也没有得到改变,最终在2016年爆发了严重的经济危机;通货膨胀率迅速攀升,失业率大幅上涨,人民生活水平降低,当年埃及GDP总量只有2300多亿美元,远低于2015年的3200亿美元[1]。为帮助埃及走出经济危机,国际货币基金组织为其提供了一笔120亿美元的中期贷款,同时附以缩减财政赤字、实施浮动汇率等一系列紧缩性的市场化"结构调整"措施。2017年以来,埃及通过大幅度的经济改革措施,如提高燃油、

---

[1] IMF, *World Economic Outlook-Seeking Sustainable Growth, Short-Term Recovery, Long-Term Challenges*, October 2017.

水电和公共交通价格，缩减燃油补贴，兴建新城和多项基础设施项目等，逐步从经济危机中走了出来。埃及总统阿卜杜勒·法塔赫·塞西（Abdel Fattah al Sisi）在2018年的大选中实现连任，国内政治局势得以继续巩固。他对内阁成员调整幅度不大，埃及政府大概率将延续紧缩性经济政策和市场化改革措施，着力削减国内赤字，吸引外资流入，发展本国经济，整体经济前景被外界看好。需要注意的是，埃及公共债务占GDP的比重长期保持在80%左右的水平，且中短期债务占比相对较高。据埃及财政部数据，到2018年5月底埃及未清偿国库券达6991.68亿埃镑（约392亿美元），主要是2005年1月18日至2018年5月8日间发行的债券，平均利率为14.674%，偿还期为2018年6月2日至2028年5月8日。此外，埃及在国际市场发行债券达180亿美元，期限为10—30年；2018年4月，又发行了两笔

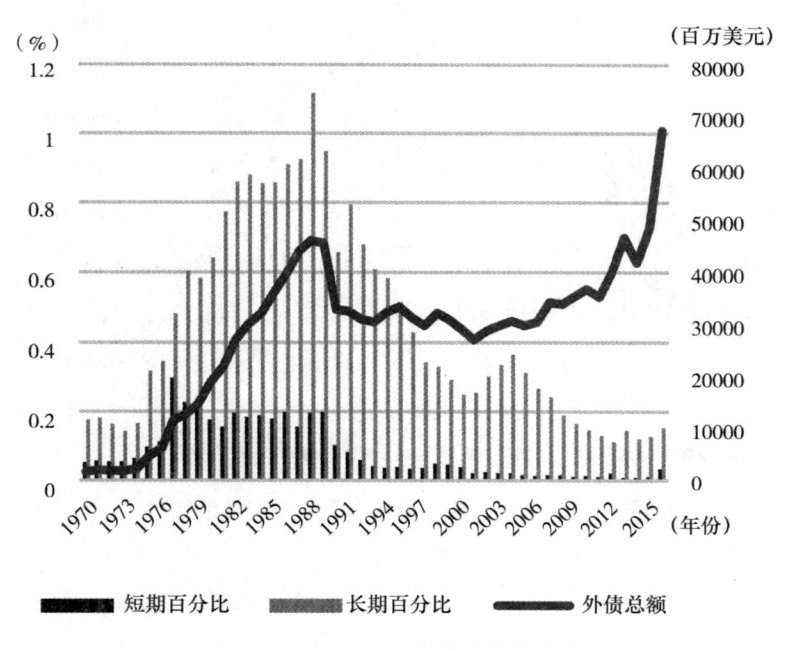

图3-7　1970—2015年埃及的外债状况

资料来源：Wind数据库。

偿还期分别为8年和10年的额度为10亿欧元的债券①。因此,埃及具有一定的外债偿还压力,但由于其经济发展形势向好,债务偿还能力有保障,债务风险爆发的可能性不高。

2003—2005年,阿尔及利亚的外债总额经历了断崖式下跌,之后长期维持在较低水平。从2014年开始,受国际经济环境影响,阿尔及利亚财政赤字扩大,经常账户和贸易条件恶化,外债增加,储蓄下降。从2006年开始的十年里,阿尔及利亚的长期外债负债率一直维持在5%以下,公共债务占GDP的比重也一直维持在20%以下的低位②,从整体上看,偿债压力不大。2017年以来,阿尔及利亚油气产量下降,油气收入减少,政府

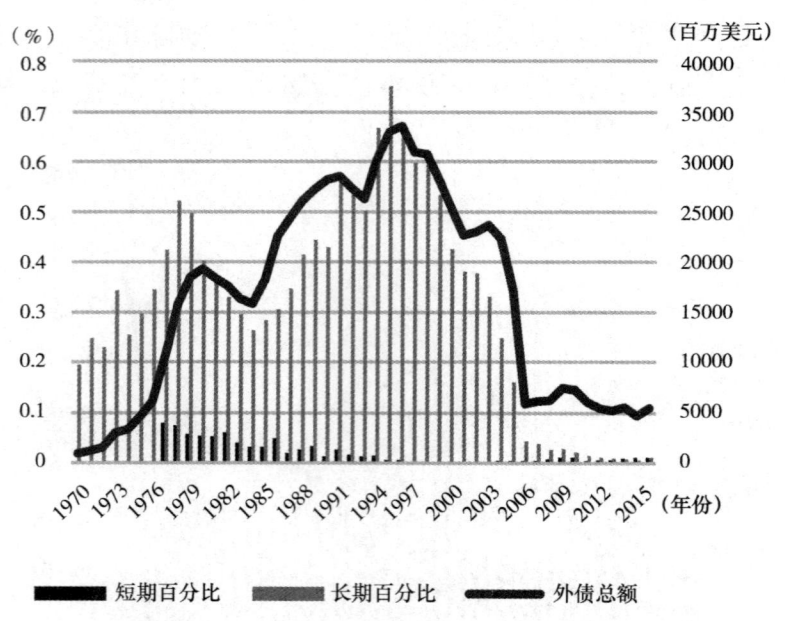

图3-8 1970—2015年阿尔及利亚的外债状况

资料来源:Wind数据库。

---

① 《2018年6月以后埃及面临较大内外债偿还压力》,http://eg.mofcom.gov.cn/article/jmxw/201806/20180602756788.shtml。

② 此处数据来自Wind数据库。

通过大量印钞和紧缩性政策以期缩减财政赤字，引发国内部分群众不满，多地相继爆发集会抗议活动，同时，阿尔及利亚长期面临的种族冲突问题也流露出复发的苗头，不利于该国经济的稳定发展，成为未来影响偿债能力的潜在因素。

相较于其他北部非洲国家，苏丹的债务状况不容乐观。长期以来，苏丹的外债总额一直保持快速上升趋势。虽然进入21世纪以来，随着国内经济的快速发展，苏丹的外债负债率逐渐下降，但近十年来还是徘徊在40%左右的警戒线位置。同时需要注意的是，苏丹的短期债务比重远高于其他北部非洲国家，短期偿债压力大。从图3-9中可以看到，2015年公共债务占GDP的比重又一次超过100%[①]。当前，苏丹的政治和经济发展环境不佳；南北苏丹分裂后，苏丹和南苏丹因石油收入分配、

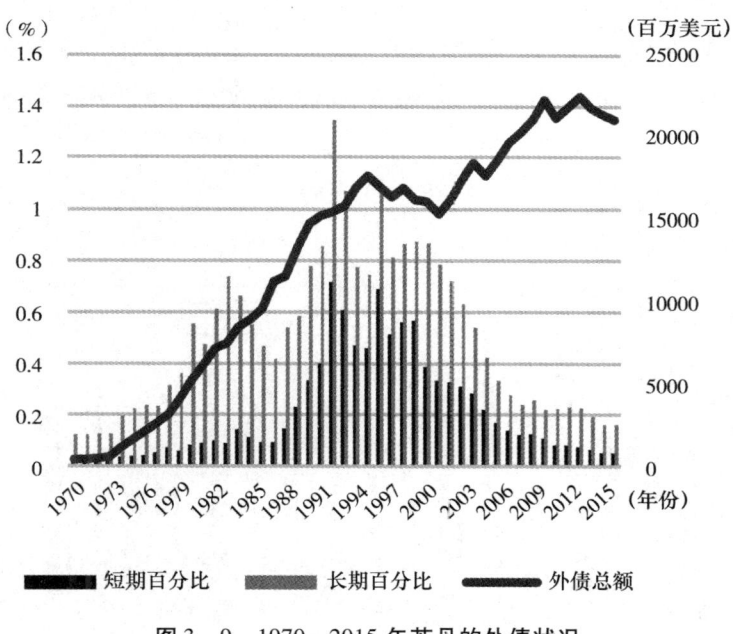

图 3-9 1970—2015 年苏丹的外债状况

资料来源：Wind 数据库。

---

① 此处苏丹 2012 年以前的债务数据均为未分裂前的苏丹数据。

领土争端和边界划分等问题处于长期敌对状态，对两国的经济发展和社会稳定都造成了严重的冲击；苏丹经济发展依然没有摆脱依赖油气矿产等自然资源和长期外部援助的局面，但国家分裂导致其油气收入锐减，经济发展陷入困境。中短期内，苏丹经济发展很难有质的飞跃。总体来看，较高的总债务水平，高比例的短期外债占比和不佳的政治经济环境，都使得苏丹成为北部非洲地区债务风险相对较高的国家。

从整体上看，近年来，北部非洲国家的外债负债率逐步下降，经济增速超过债务增速，总体债务风险可控。但北部非洲不同国家的债务风险方差较大。潜在的偿债能力下滑和债务风险高攀，一方面源于部分国家对油气能源产业较高的依赖度，另一方面源于部分国家的国内政治因素。目前，埃及和摩洛哥政治环境稳定，未来经济发展趋势向好；埃及经济发展多元化取得一定成效，经济增长对油气能源产业的依赖度变小；摩洛哥政府致力于扩大内需，加强基础设施建设，在支持传统产业

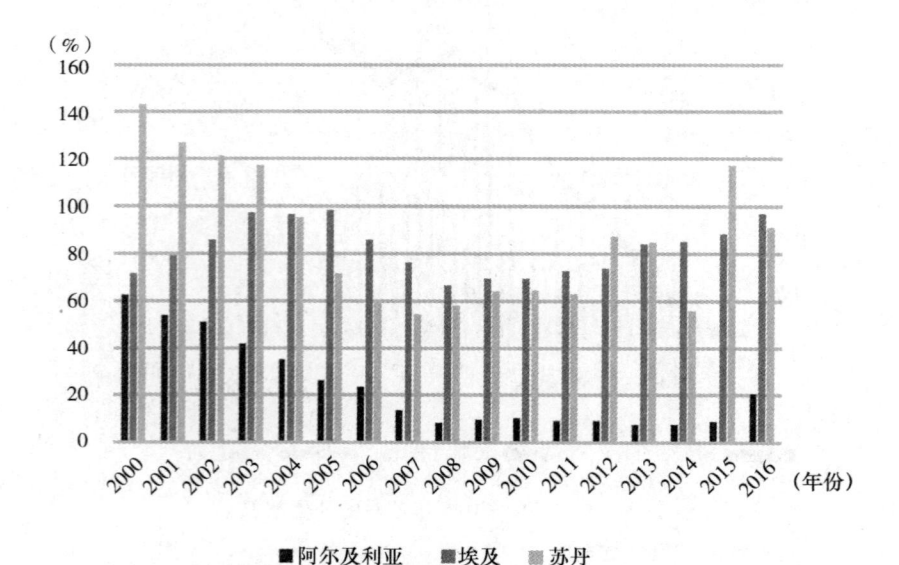

图 3-10　2000—2016 年北部非洲三国公共债务占 GDP 比重
资料来源：Wind 数据库。

的基础上大力发展新兴产业，旅游业等服务业发达，这两个国家的债务风险相对较低；阿尔及利亚经济基础相对较好，债务风险可控。而突尼斯、苏丹、南苏丹和利比亚的经济增长都对油气能源产业依赖度相对高，潜在波动性也较大。利比亚由于内战导致国内长期混乱，社会经济发展前景不明，债务风险较高。苏丹和南苏丹自身经济落后，长期依靠外援，再加上分裂后在石油收入分配和领土争端方面的持续冲突，债务风险极高。

2. 中部非洲地区的债务状况

本报告中的中部非洲地区包括喀麦隆、中非、乍得、刚果（布）、刚果（金）、加蓬、赤道几内亚、圣多美和普林西比等11国，基于数据的可得性，选取了喀麦隆、乍得和加蓬三个国家为代表，进行债务状况的分析和比较。

2006年，世界银行、国际货币基金组织确认喀麦隆达到"重债穷国减债计划"完成点，获得大幅外债减免，债务水平大幅下降。但从图3－11中可以清楚地看到，之后喀麦隆的债务增长态势依旧显著。虽然目前喀麦隆的外债负债率维持在30%以内，处可控范围，但其经济增速落后于债务增速，外债负债率将可能重新回升；同时，喀麦隆公共债务发展趋势呈U形，近几年上升速度加快。因此，从长期来看，喀麦隆债务状况不容乐观，债务风险相对较高。

乍得是世界最不发达国家之一，经济发展极度落后，超过55%的人口依然生活在贫困线以下；该国经济增长对油气资源产业依赖程度较高，由于国际原油价格的长期低位徘徊，近年来该国经济下滑，2016年乍得的经济增长率为－6.4%，2017年略有回升，也仅为0.6%[①]。自20世纪70年代以来，乍得的外债持续

---

① IMF, *World Economic Outlook-Seeking Sustainable Growth, Short-Term Recovery, Long-Term Challenges*, October 2017.

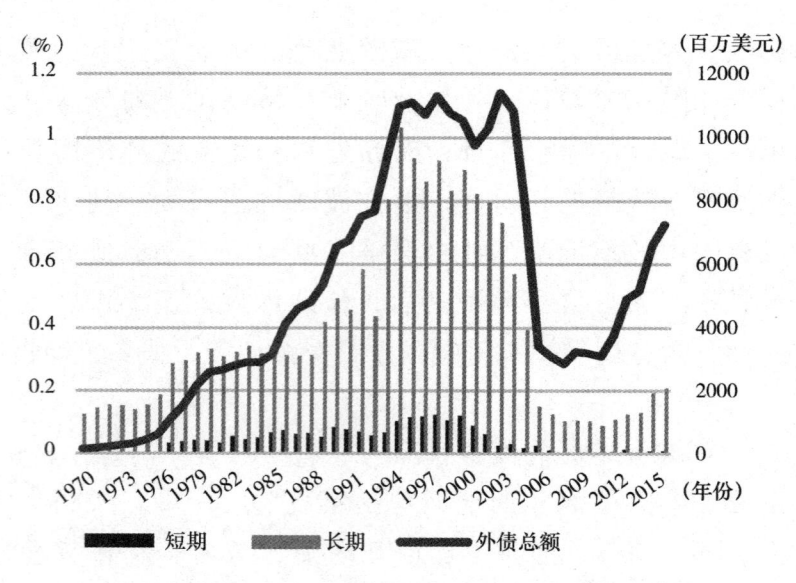

图3-11 1970—2015年喀麦隆的外债状况

资料来源：Wind 数据库。

快速增长，直到2013年，为了通过国际货币基金组织的重债穷国债务减免倡议完成点审核，乍得政府于当年12月份宣布取消与中国进出口银行的贷款协议，获得了大部分现有债务的减免优惠，债务水平降至40%的国际警戒线水平之下。但债务减免之后，乍得外债负债率很快又重新回升；同时，近十年来公共债务占GDP的比重也快速增加。乍得经济发展滞后的局面在中短期内难以改变，依靠自身财政收入偿还债务的能力显然不足，根据国际货币基金组织2018年度的最新债务数据，乍得已陷入债务危机中，可能再次需要国际金融组织的援助才能度过债务危机。

加蓬是一个典型的资源型国家，较低的人口密度和丰富的油气资源使加蓬发展为中部非洲地区经济最繁荣的国家之一，2017年人均GDP达7221美元[①]。从图3-13中可以看出，加蓬

---

① IMF, *World Economic Outlook-Seeking Sustainable Growth, Short-Term Recovery, Long-Term Challenges*, October 2017.

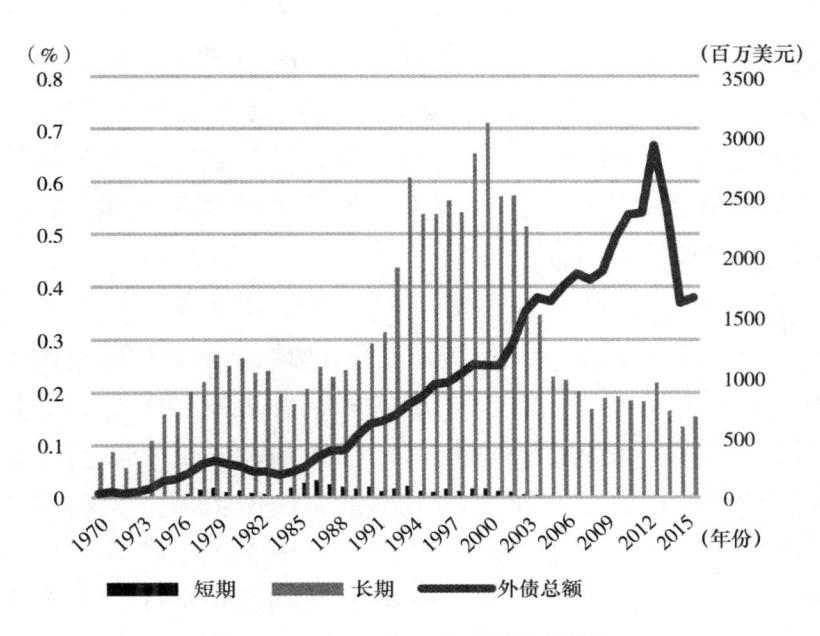

图 3 – 12　1970—2015 年乍得的外债状况

资料来源：Wind 数据库。

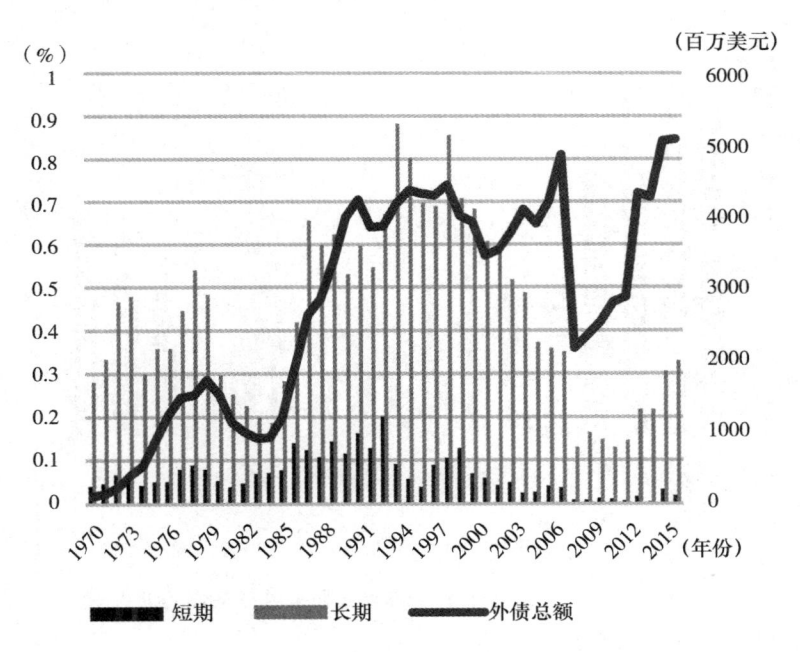

图 3 – 13　1970—2015 年加蓬的外债状况

资料来源：Wind 数据库。

的外债体量较大,且波动幅度明显,但得益于其良好的经济发展态势,加蓬外债负债率近年来一直控制在35%以内,且从2008年之后,短期债务占比大幅下降,其公共债务水平也维持在70%以内,债务偿还压力可控;加蓬是中部非洲地区债务违约风险相对较低的国家。

总体上看,中部非洲国家近年来外债负债率和公共债务占GDP的比重都不算太高,但问题在于该地区有半数以上国家属于世界最不发达国家,经济基础薄弱,发展前景不佳,偿债能力有限,这些国家都面临着较高的债务风险,其中乍得、圣多美和普林西比已经超过国际警戒标准,两国债务危机的共同关键原因是国际油价走低,国内经济严重依赖油气产业,政策反映滞后,应对措施不当。中非的债务问题也较严重,主要源于近年来该国国内冲突导致的经济崩溃。

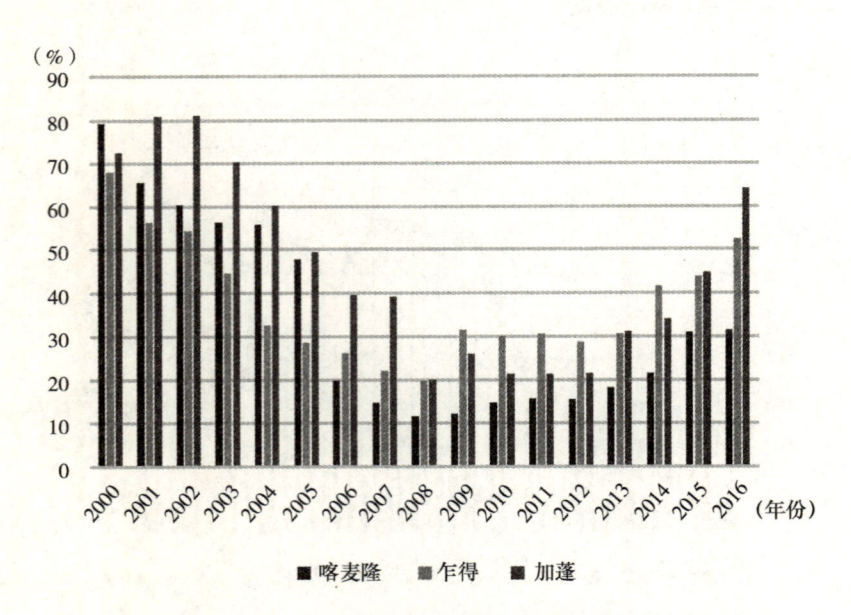

图3-14 2000—2016年中部非洲三国公共债务占GDP比重
资料来源:Wind数据库。

3. 东部非洲地区的债务状况

本报告中的东部非洲地区包括布隆迪、科摩罗、肯尼亚、埃塞俄比亚、乌干达、坦桑尼亚、厄立特里亚、塞舌尔、卢旺达、吉布提10个国家，基于数据的可得性，选取了布隆迪、埃塞俄比亚和卢旺达三国为代表，进行债务状况的分析和比较。

布隆迪地处内陆，交通不便，人口密度大且自然资源贫乏，在2005年之前，经济发展动力长期不足，债务总量不断攀升，导致外债负债率不断提高，2003年达到峰值，外债负债率高达160%。近年来，布隆迪实施了一系列经济结构调整计划，包括货币贬值、取消贸易壁垒、实施贸易自由化等市场化措施和削减财政赤字等紧缩性政策，GDP由2005年的11亿美元增至2017年的34亿美元，加上得益于债务减免，布隆迪在2005年之后的外债总量和外债负债率均有较大幅度下降。从图3-15也可以看出，该

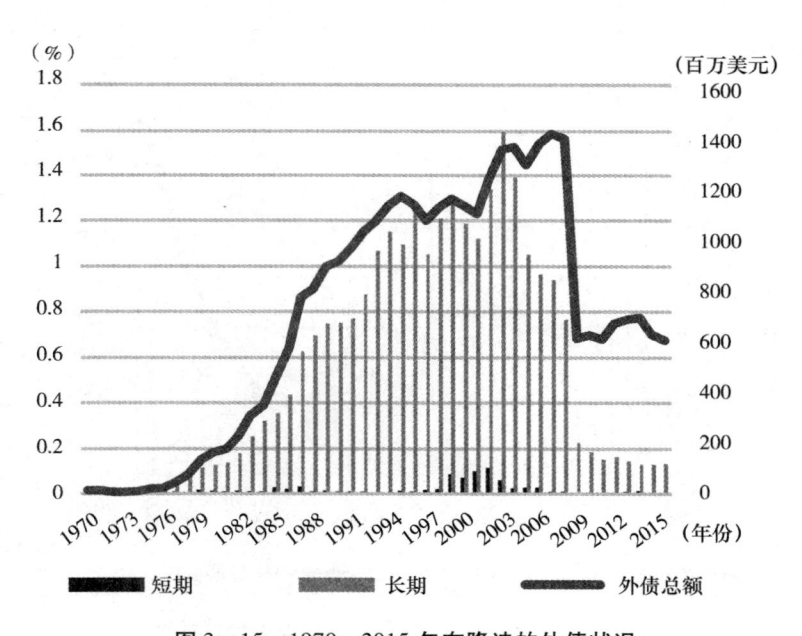

图3-15　1970—2015年布隆迪的外债状况

资料来源：Wind数据库。

国的公共债务占 GDP 的比重从 2005 年开始呈下降趋势，2008 年之后一直控制在 40% 以内。总体来看，布隆迪的短期债务风险较低；但从长期来看，依旧具有一定的不确定性，未来债务可持续性在很大程度上取决于该国能否继续保持较好的经济增长势头。

近年来，埃塞俄比亚的外债增速惊人，从 2008 年的 29 亿美元增至 2016 年的 230 亿美元，且基本为长期债务。不过自 2005 年以来，埃塞俄比亚的经济增长势头迅猛，依靠国外大量资金的注入，实现了年均 10% 的经济增长，现已是东部非洲地区第一大经济体。得益于此，埃塞俄比亚的外债负债率增幅没有外债总量增长那样惊人，由 2005 年的约 10% 上升至 2016 年的 25% 左右，公共债务占 GDP 的比重保持在 60% 以下。从短期来看，埃塞俄比亚良好的经济发展势头将持续，该国债务风险不大；但埃塞俄比亚债务激增，且多为长期债务，会在未来特定

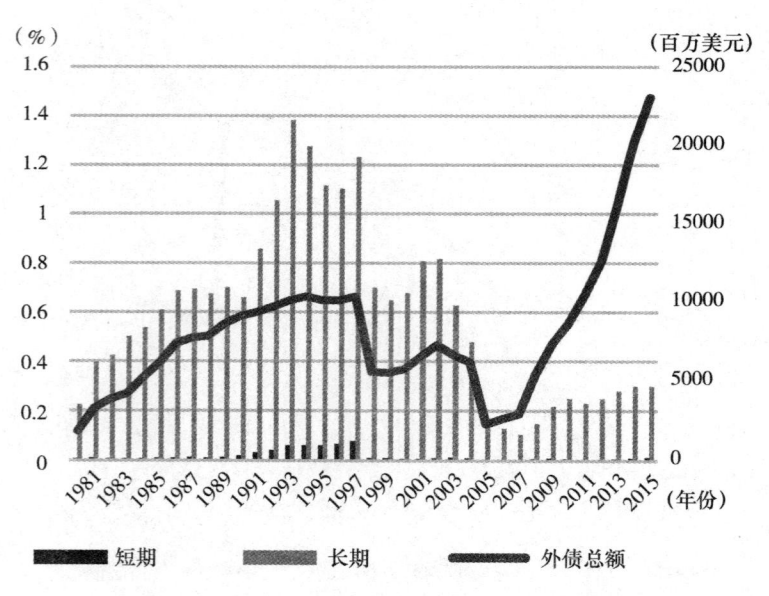

图 3-16　1981—2015 年埃塞俄比亚的外债状况

资料来源：Wind 数据库。

时间段形成明显的偿债压力。同时，2015年开始，埃塞俄比亚国内矛盾凸显，多次爆发民族冲突和因征地拆迁等问题导致的大规模民众示威。埃塞俄比亚与索马里和厄立特里亚的边界冲突也仍在持续。这都不利于该国经济发展和债务风险的控制。埃塞俄比亚只有采取措施有效控制外债额度激增的现状，逐渐改变由外资推动经济增长的模式；采取措施维持本国政局稳定，才可能实现债务的长期可持续。

同埃塞俄比亚类似，卢旺达在2006年之后外债总额增长迅速，十年之间增加了4倍之多。但同期卢旺达政治环境稳定，经济发展态势良好。卢旺达政府严打贪污腐败，被世界银行等国际组织列为撒哈拉以南地区改革步伐最快的国家，在本区域内卢旺达投资环境相对较优，吸引了大量的外国直接投资，近几年经济增速达到了7%左右。因此，卢旺达外债负债率虽有所上升，但控制在30%以内，公共债务占GDP的比重在2006年

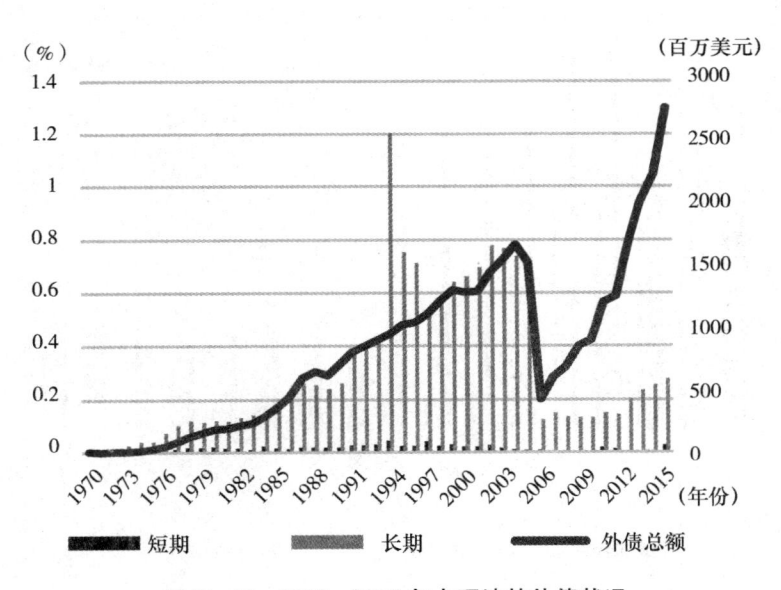

图 3-17 1970—2015 年卢旺达的外债状况

资料来源：Wind 数据库。

至今也控制在40%左右。总体而言，短期债务压力较小，该国大概率将持续良好的经济势头，有助于保持其债务的可持续性。

东部非洲地区是非洲大陆各次区域中经济基础较差的地区，十个国家中有八个被列为世界最不发达的国家。但根据国际货币基金组织的数据，只有布隆迪、埃塞俄比亚和吉布提三国债务风险属于高等级，其余国家均为中低等级，其中低风险国家占一半。这一局面主要源自于近年来东部非洲国家良好的经济发展势头。2010年以后，东部非洲地区不断有新的油气田发现，成为全球海洋油气开发新的热点，坦桑尼亚、乌干达、肯尼亚等多个国家均受益于此。2016年，东部非洲国家的平均经济增长率为5.3%，是非洲各次区域经济增长最快的地区，埃塞俄比亚以8%的增长率稳居头名，肯尼亚、卢旺达、坦桑尼亚和吉布

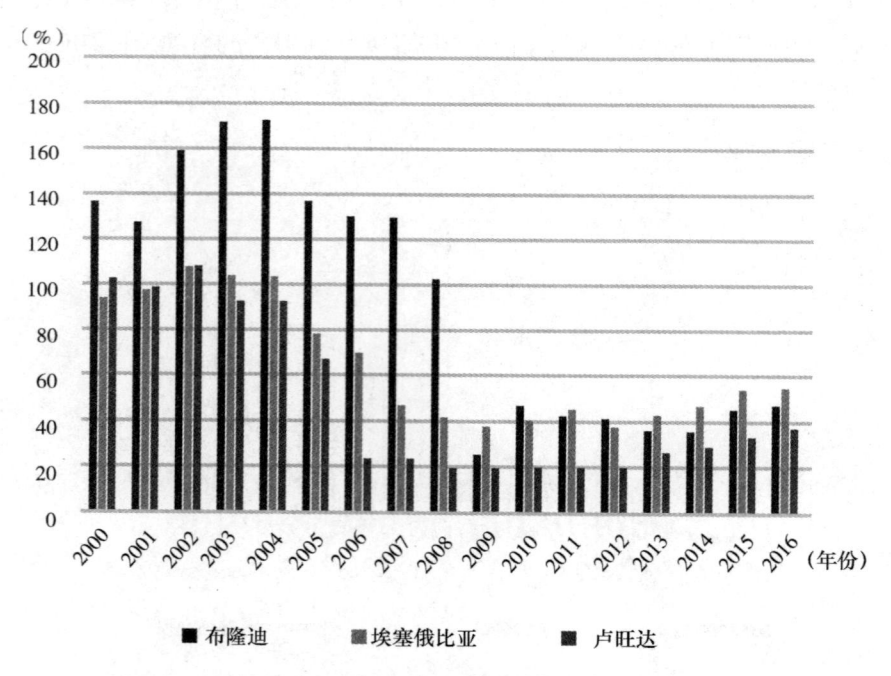

图3-18 2000—2016年东部非洲三国公共债务占GDP比重
资料来源：Wind数据库。

提的增长率也维持在6%以上①。大部分东部非洲国家的经济发展足以应对未来的偿债压力，整体债务风险相对较低。

4. 西部非洲地区的债务状况

本报告中的西部非洲地区包括贝宁、布基纳法索、佛得角、科特迪瓦、冈比亚、加纳、几内亚、几内亚比绍、利比里亚、马里、尼日尔、尼日利亚、毛里塔尼亚、塞内加尔、塞拉利昂和多哥16个国家，基于数据的可得性，选取了尼日利亚、科特迪瓦和佛得角三国为代表，进行债务状况分析和比较。

尼日利亚是非洲第一大经济体，油气资源大国，非洲第一大石油生产和出口国，石油工业是其国民经济的支柱产业。尼日利亚的经济结构单一化问题突出，虽已实施多年经济多元化政策，但效果并不明显，经济发展严重受制于国际油气市场。2008年之后，国际油价长期低位徘徊，尼日利亚经济受到严重拖累。2017年，尼日利亚经济增长率仅为0.7%，人均GDP增速仅为0.8%②。2006年以来，尼日利亚外债总额增长较快，但由于经济总量较大，外债负债率不到10%，公共债务占GDP的比重也维持在20%以内，短期偿债压力不大；但从长期看，尼日利亚债务的可持续性主要取决于其能否实现长期的经济可持续增长，而这又取决于以下几个因素：其一是国际油价能否稳步回升，其二是尼日利亚能否实现经济多元化发展的政策目标，降低对油气能源产业的依赖程度，其三是尼日利亚国内的民族问题、恐怖主义问题能否得到妥善解决，以维持国家的长期稳定。

---

① AfDB, OECD, UNDP, *African Economic Outlook 2017 – Entrepreneurship and Industrialisation*, May 2017.

② IMF, *World Economic Outlook-Seeking Sustainable Growth, Short-Term Recovery, Long-Term Challenges*, October 2017.

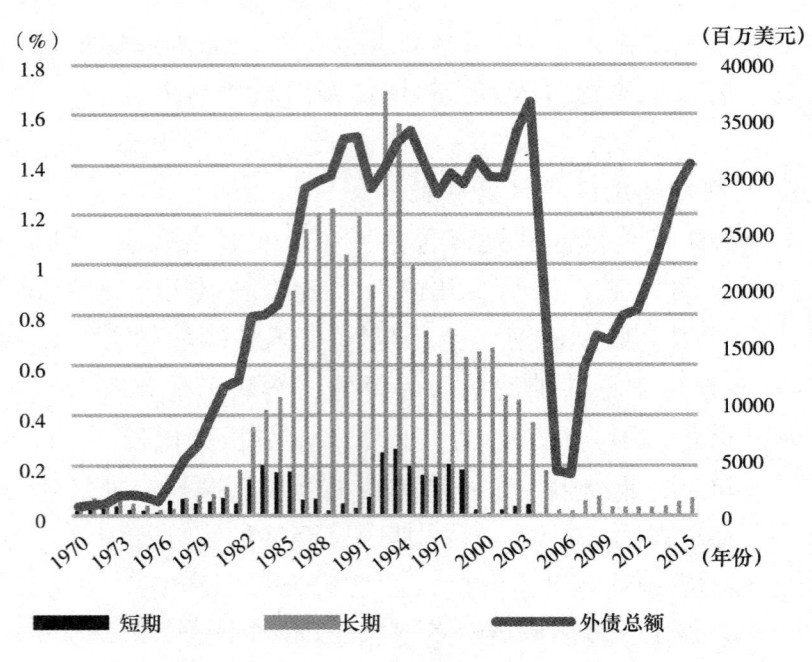

图 3-19　1970—2015 年尼日利亚的外债状况

资料来源：Wind 数据库。

2000 年以来，科特迪瓦的外债总额波动较大；2012 年 6 月，科特迪瓦达到"重债穷国"减债计划完成点审核标准，获得减免总计 44 亿美元的债务；外债负债率持续下降，尤其是短期债务；但公共债务水平却长期维持在高位，2015 年公共债务占 GDP 的比重超过了 100%，2017 年达到了 120%。2016 年，科特迪瓦偿债率估计值为 9.5%，负债率估计值为 31.7%，债务率估计值为 87.9%，债务风险可控，且科特迪瓦几乎没有短期债务，发生债务危机的概率不大。从长期来看，科特迪瓦能否实现债务可持续性取决于该国经济能否实现稳定增长；2011 年科特迪瓦内战结束后，政局逐步趋稳，目前国内社会经济发展趋势较好，但面临着经济发展过于依赖法国，国内缺乏体量较大的支柱性产业，仍面临恐怖主义威胁等相关问题的挑战。

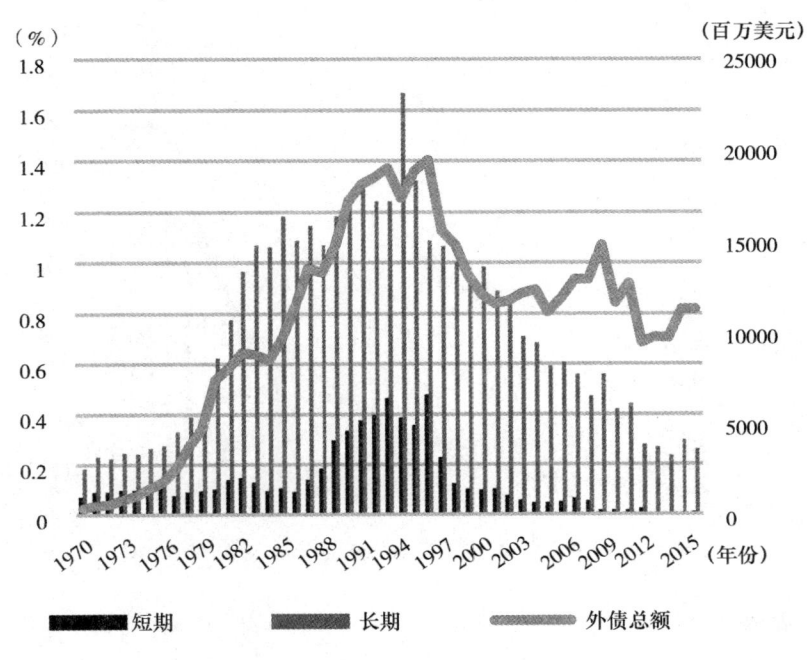

图 3 – 20 1970—2015 年科特迪瓦的外债状况

资料来源：Wind 数据库。

从 20 世纪 70 年代开始，佛得角的外债总额持续快速增长，外债负债率不断上升，2016 年外债负债率高达 90% 以上，公共债务占 GDP 的比重也在 2015 年超过了 120%，偿债压力很大。佛得角经济结构单一，短期内债务风险较高；但该国的优势在于它是非洲少有的没有发生过重大冲突的国家；地处大西洋，远离非洲大陆，政局长期保持稳定；人口较少，旅游业等服务业发展蓬勃，服务业产值占国内生产总值的 70% 以上，侨汇收入较高。2017 年开始，佛得角政府计划建设圣文森特岛海洋经济特区，推进太阳能发电、海水淡化、港口物流、转口贸易等产业的发展，该特区建成后将极大地推动佛得角经济增长，有助于实现经济的长期可持续发展，进而有利于控制长期债务风险，目前圣文森特岛海洋经济特区规划正在编制过程中。

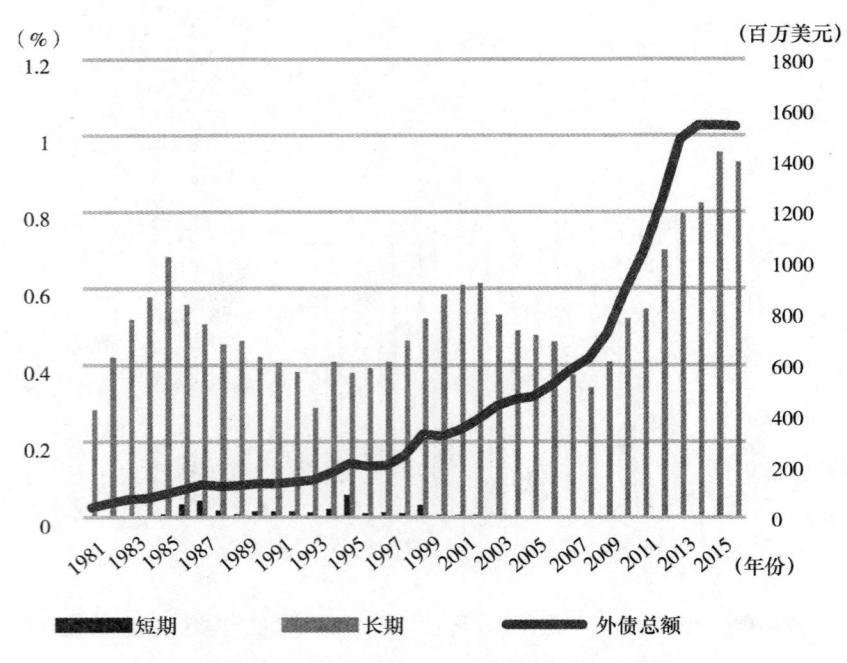

图 3-21 1981—2015 年佛得角的外债状况

资料来源：Wind 数据库。

从整体上看，西部非洲地区经济基础薄弱，经济发展水平在非洲大陆处于较低水平，近年来经济增长形势也不尽如人意，2016 年西部非洲地区的 GDP 增速仅为 0.4%，是非洲表现最差的次区域。据国际货币基金组织的评估，西部非洲 16 个国家中，除塞内加尔以外，其余国家的债务风险均属于中高等级，但大部分国家（除佛得角）外债负债率都处在可控范围内，因此目前并没有国家陷入严重的债务危机中。加纳由于近年来较高的通胀率和较低的资本账户开放程度，经济发展前景不乐观；塞拉利昂经济发展缓慢，失业率和通胀率高企，经济开放程度也处在较低水平。这两个国家需要警惕债务风险。

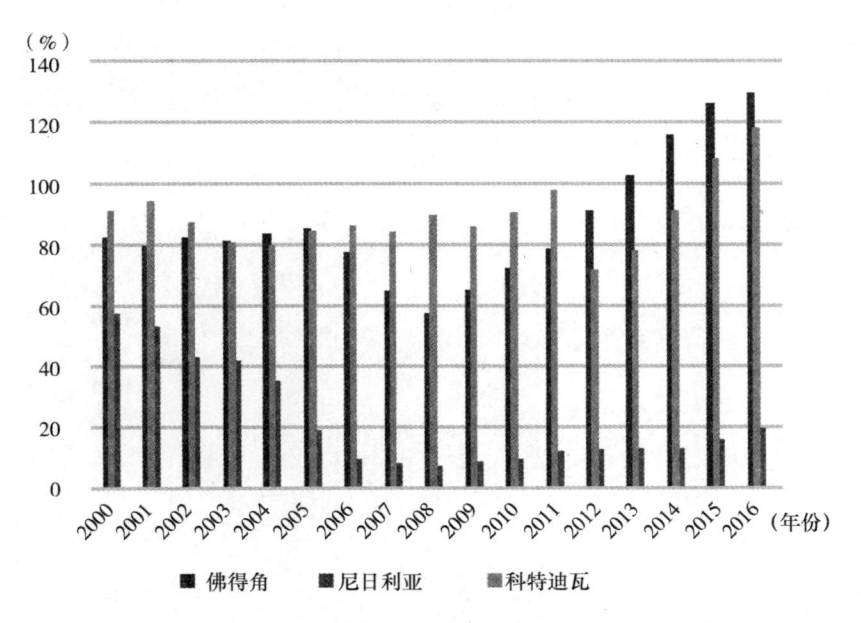

图 3 – 22 2000—2016 年西部非洲三国公共债务占 GDP 比重
资料来源：Wind 数据库。

5. 南部非洲地区的债务状况

本报告中的南部非洲地区包括赞比亚、安哥拉、津巴布韦、马拉维、莫桑比克、博茨瓦纳、南非、斯威士兰、莱索托、马达加斯加和毛里求斯 11 个国家，基于数据的可得性，选取了赞比亚、津巴布韦和毛里求斯三国为代表，进行债务状况的分析和比较。

近年来，赞比亚政治局势相对稳定，该国实行了宽松的经济和贸易政策，与多个国家签订了双边贸易协定，外资准入管理相对宽松，外资流入增速较快，经济发展势头向好。2005 年获得重债穷国债务减免之后，赞比亚外债大幅缩减，但之后外债总额又迅速攀升，增速大大高于之前的水平，2016 年赞比亚外债负债率已超过 40% 的国际警戒线；公共债务占 GDP 的比重近年来虽然控制在 50% 以内，但上升趋势也很明显。整体来看，赞比亚经济发展形势良好，短期内具有债务风险，但不易陷入债务危机，较高的债务总量和较快的债务上升速度使其未来偿债能力存疑，未来有明显的债务风险。但近期国际社会屡有关于赞比亚已经陷入债务危机的言论。

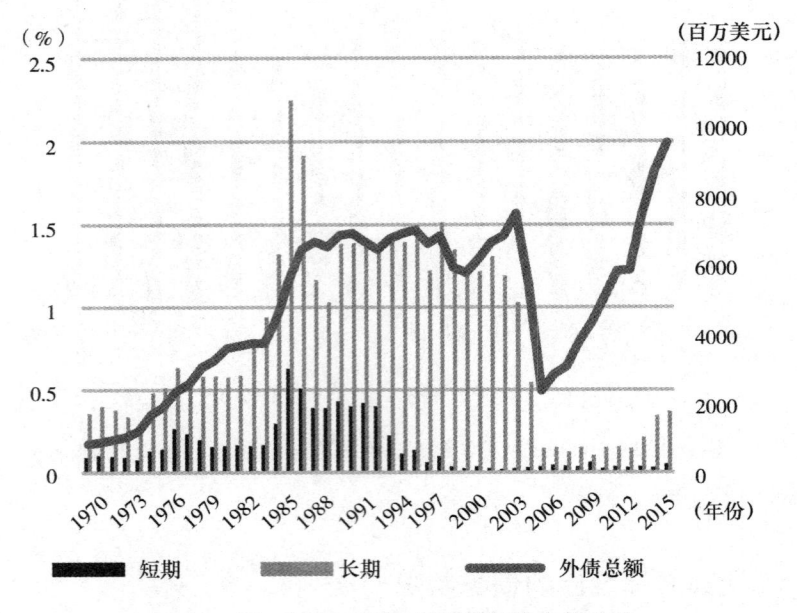

图 3-23　1970—2015 年赞比亚的外债状况

资料来源：Wind 数据库。

津巴布韦外债总额自 20 世纪 70 年代开始一直不断增加，到 2016 年累计达 90 亿美元，外债负债率为 50% 左右，2008 年一度达到 129%。同时需要注意的是，相对于其他南部非洲国家，津巴布韦的短期债务占比非常高，在 2006 年之后，该国的外债有近 1/3 为短期债务。2007 年年底开始的津巴布韦恶性通货膨胀进一步加剧了该国的偿债压力。不过该国的公共债务占 GDP 的比重长期以来一直维持在可控范围内。目前，津巴布韦尚未从恶性通货膨胀对经济的重创中恢复过来，已深陷债务危机。2017 年 11 月，津巴布韦发生政变，新总统上台后虽然推出了一系列的经济改革措施，力图恢复国内经济，但其政治根基尚不稳固，经济政策的效果在短期内也不明显。

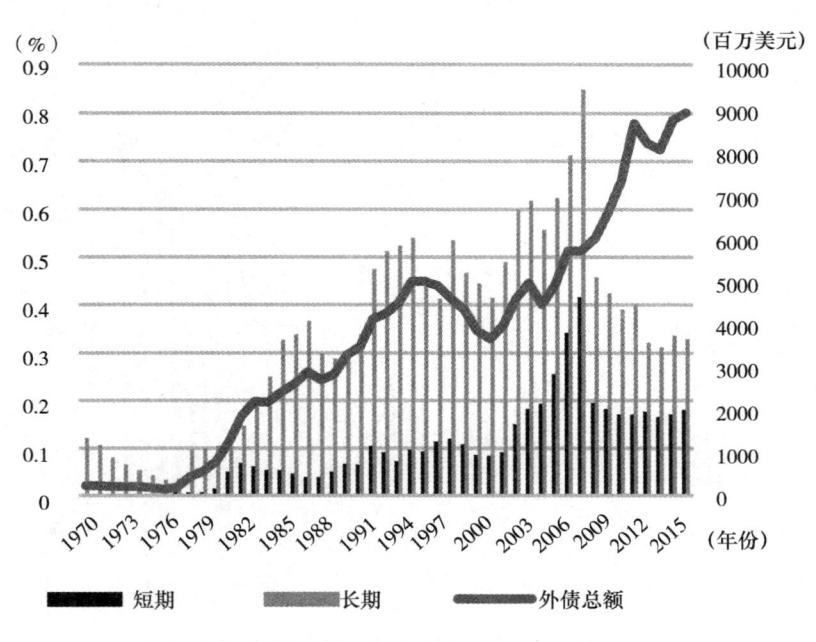

图 3-24　1970—2015 年津巴布韦的外债状况

资料来源：Wind 数据库。

2008 年之前，毛里求斯的外债总额一直平稳地处在低位，但之后突然飙升，至 2016 年已累计 1800 亿美元，外债负债率高达 140% 左右，同时该国的短期债务占比显著升高，短期债务占 GDP 的比重已接近 40%；公共债务占 GDP 的比重长期稳定在 50% 左右。毛里求斯的中短期债务偿还压力大，但其优势在于政治局势平稳，经济发展态势也较好；良好的自然环境吸引了大批游客，旅游业相对发达；该国地处南大西洋和印度洋之间的航道要冲，属于出口导向型经济，金融服务、信息通信业发展水平均居非洲国家前列。综合来看，毛里求斯债务风险较高，若不能有效缩减现有的债务规模，未来将面临更高的债务风险。

部分南部非洲国家面临较大的债务风险，津巴布韦已深陷债务危机；莫桑比克在 2016 年爆发了暴力武装冲突，且由于来自国际货币基金组织的国际援助被中止，国内出现了债

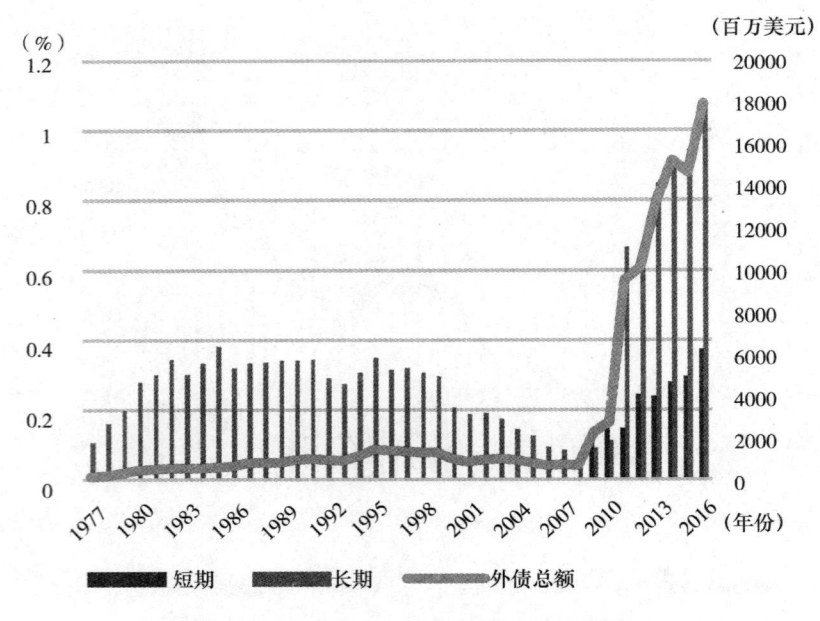

图 3-25 1977—2016 年毛里求斯的外债状况

资料来源：Wind 数据库。

务危机；赞比亚债务风险也成为国际舆论关注的话题。同时，南部非洲地区虽然是非洲大陆经济最发达的次区域，但近几年经济增速明显放缓，2016 年 GDP 平均增速仅为 1.1%[①]；作为南部非洲最大经济体的南非，在干旱和政治不确定性的影响下经济增长有进一步放缓的可能，正在计划实施的土地改革成为该国未来发展的最大未知变量，如果处置不当，将严重拖累该国，甚至迟滞整个南部非洲地区的经济发展。南部非洲地区如果不能实现经济的稳步增长，各国也不能有效削减债务总额，未来偿债压力将会较大，存在明显的债务风险。

[①] IMF, *World Economic Outlook-Seeking Sustainable Growth, Short-Term Recovery, Long-Term Challenges*, October 2017.

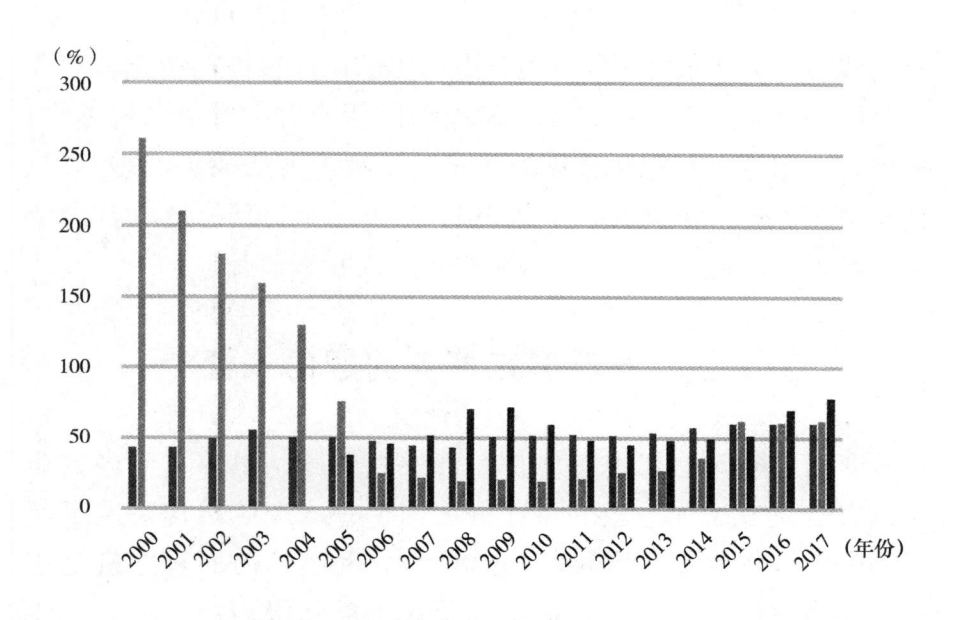

图 3-26 2000—2017 年南部非洲三国公共债务占 GDP 比重
资料来源：Wind 数据库。

总体来看，2000—2016 年南部非洲地区相对于其他四个非洲次区域，外债总额增加量最高，在非洲国家外债总额中所占比例最大，面临的债务风险最大。根据国际货币基金组织公布的数据①，乍得、莫桑比克、圣多美和普林西比、苏丹、南苏丹和津巴布韦是非洲债务问题最严重的国家，目前已经陷入债务危机。这六个国家中，除津巴布韦之外，其他五国均为世界最不发达国家。乍得、圣多美和普林西比、苏丹和南苏丹陷入债务危机的共同原因是石油价格的长期地位徘徊，这些国家的经济都严重依赖石油产业，国际油价下跌使其经济严重下滑，难以偿还债务，苏丹和南苏丹因长期领土争端而造成的持续政治动荡也是其陷入债务危机的重要原因。莫桑比克陷入债务危机的主要原因是 2016

---

① 来自国际货币基金组织公布的数据，https：//www.imf.org/external/pubs/ft/dsa/dsalist.pdf。

年的武装冲突和来自国际货币基金组织的国际援助的中止,二者的共同作用使莫桑比克的经济发展和偿债能力都遭遇严峻考验。津巴布韦则是由于恶性通货膨胀对其经济发展造成了严重打击,使偿债压力进一步加大,虽然2017年津巴布韦新总统上台出台了一系列经济政策,但政策效果在短期内并不显著。

(三) 非洲国家债务问题的来源

非洲债务问题在本质上是经济发展问题;根源在于多数非洲国家自主发展能力较弱,经济结构单一,产业结构决定了其对外经贸合作的方式和结构,这种方式和结构简而言之就是在对外贸易方面,主要出口资源类及农牧类初级产品,进口工业制成品;在吸引外资方面,外资主要涌向油矿资源行业和以旅游、电信、金融服务为主的第三产业,投向制造业和农业的资金相对较少;这种方式和结构在短期内可以带动经济基础薄弱国家的经济快速发展,但长期上将使这些国家本就失衡的经济结构不断强化。

虽然近年来非洲经济实现了平稳快速发展,但仔细考察和分析非洲经济发展的实际状况可以发现,这种高速增长主要得益于全球经济繁荣的动力机制,即发达国家与发展中国家之间形成的一种自我强化的全球增长模式。发达国家实施宽松的财政和货币政策使得全球范围内流动性空前增长;发达国家国内充沛的流动性推动了资产和资源价格的膨胀,由此带来的财富效应大幅拉动了发达国家居民的消费需求,从而增加了对发展中国家的进口需求;部分资本流入发展中国家寻找投资机会。反过来,在发达国家创造的出口需求和投资需求的拉动下,发展中国家又从发达国家进口大量的资本品。这样就形成了一种具有类似反馈机制的国际经济模式。进一步地,一国的投资与贸易之间也存在相互拉动现象。而资本在寻求投资和贸易中的利润空间的同时，也一定程度上能够促进投资和贸易的互动。考虑到投资和贸易的拉动机制，以上模式势必从现象上表现为一国投资和贸易的同时高速增长。这一点可以从绝大多数非洲国家的实际情况得到证实。非洲经济增长的一个典型特点就是贸易和投资的同时加速增长。值得注意的是，这一模式在增长的情况下可以相互促进，但在经济滑坡的时期也可能相互促进。非洲国家的经济自我发展能力并没有得到本质的提升。

除根本原因外，历史因素、以西方发达国家为首的国际社会的干涉、非洲国家本身存在的问题和政策选择失当等都是非洲国家债务问题形成的原因。

第二次世界大战之后，欧洲国家开展战后重建，对原材料的需求大增，作为世界重要的原材料出口地区，非洲赢来了经济发展的良好机遇。同时，随着非洲国家的独立，社会各阶层的生产积极性大大提高，这一时期非洲国家的对外贸易发展较快，经济取得了普遍的发展和提高。20世纪70年代爆发的两次石油危机是非洲国家陷入债务困境的起点。两次石油危机对非洲国家造成的影响存在很大的不同。第一次石油危机期间，尽管油价上涨推高了非洲国家的进口成本，但由于国际原材料价格的上升，保证了非洲国家出口收入保持稳定，弥补了进口的高支出，经济并未受到明显打击，国际收支也没有出现严重恶化。第二次石油危机期间，国际油价的上涨叠加原材料价格的下跌，非洲国家的出口受到了沉重打击，贸易条件持续恶化，导致国际收支严重失衡，很多国家国内出现了财政危机。为平衡国际收支、弥补国内财政赤字，这些非洲国家开始大举借债，很多非洲国家依靠举借外债弥补财政赤字。

第二次石油危机后，西方发达国家纷纷陷入经济衰退，全球总需求下降，对非洲国家原材料的进口大幅滑坡；西方发达国家实施的高利率政策和贸易保护措施使非洲国家的国际贸易形势雪上加霜。出口收入的锐减导致非洲国家的国际收支和财政状况恶化，债务积累加速。

随着偿债压力的增大，很多非洲国家陷入了债务危机。为得到西方发达国家主导的国际金融组织的救助，获得多种形式的债务减免，非洲国家被迫接受西方发达国家给予的"结构调整"方案。西方国家推行"结构调整"本质上是为其自身利益，目的是将非洲国家纳入到西方主导的国际经济体系当中，绝非真正为了推动非洲国家经济的发展和社会的进步。"结构调整"的主要内容包括两个方面，即稳定宏观经济秩序和市场化结构改革。稳定宏观经济秩序包括实施紧缩性货币政策、财政政策，抑制国内需求、降低通胀等，并在此基础上获得国际多边金融机构的贷款。市场化改革包括汇率改革、商品价格改革、私有化改革等。无论"结构调整"方案是否先进，不可否认的是并不适合当时的非洲国家。一方面，发达国家提出的自由化、市场化的经济模式加重了非洲国家对外部市场的依赖。另一方面，财政紧缩政策使社会公共投资不足，失业率提升，经济形势恶化。尽管非洲国家经济在结构调整初期出现了一定程度的改善，但并没有改变非洲国家单一的产业结构，这样的经济增长不具备长期可持续性。非洲债务与"结构调整"方案形成了恶性循环。

非洲国家本身存在的问题和政策选择失当也是非洲国家债务问题形成的重要原因。

首先，和平与安全局势不佳是非洲国家债务累积的一大诱因。20世纪的非洲是全球安全形势最差的地区之一，政治风险和社会问题极为突出。边境冲突、内战、选举动荡、宗教冲突、民族冲突等此起彼伏；20世纪90年代，非洲发生了十余次军事政变，爆发战争、冲突或骚乱的非洲国家超过30个，半个非洲大陆都卷入动荡之中；非洲国家的军费和安全支出数额巨大，很多国家直接举借外债充当军费。进入21世纪，非洲地区的安全局势有所改善，内战、政变、边界冲突等传统安全问题和地区热点问题逐渐减少，但恐怖主义、海盗、传染性疾病、气候变化等非传统安全问题逐渐凸显，成为影响非洲经济社会发展的重大障碍。非洲国家应对非传统安全问题占用了大量的社会发展资金，同时非传统安全问题导致社会发展迟滞或停滞，降低了非洲国家的偿债能力，形成了恶性循环。

其次，非洲的经济政策实施不当也是其债务累积的重要原因。在财政政策方面，多数非洲国家在不同时期都采取了积极扩张的财政政策，公共支出不断扩大，但这些公共支出并没有主要用于生产活动，有很大部分用于稳定社会秩序之上，没有起到资本积累、带动经济发展的作用，反而形成了债务累积。由于偿还能力不足，形成了巨大的债务负担。

最后，西方国家对非洲经济的长期控制是非洲经济自主发展能力弱，依靠举借外债度日的重要原因。非洲国家经济对西方发达国家的依赖体现在很多方面，比如对西方发达国家市场的依赖，再比如经济发展受到代表西方发达国家利益的跨国公司的制约；非洲国家某些产业的产业政策调整直接面临着来自跨国公司的压力，每一项新的产业政策的实施都要全面照顾跨国公司的核心利益和诉求，一旦某些政策不符合跨国公司的要求，便会遭到抵制。个别非洲国家的国民经济仍然受到前殖民宗主国的严密控制，比如科特迪瓦经济受到法国的控制，法国公司掌握了大部分科特迪瓦的命脉性行业，法国公司在科特迪瓦享有诸多的优惠和特权。

近年来，中非经贸合作持续健康发展，中国与非洲国家间的贸易、投资规模迅速扩大，质量也不断提高。中国对部分非洲国家提供了大量贷款用于支持经济发展和基础设施建设，但却遭受部分别有用心的国外机构和媒体的诋毁，认为中国对非洲国家的贷款是造成近年来非洲地区债务急剧增长的主要原因。但事实并非如此。

近年来，由于国际债券发行条件有利，投资者需求高且稳定，非洲国家非常依赖发行债券。在国际金融市场发行债券对于发行国来说有诸多好处,能在短时间内筹集大量资金,实现投资者多样化;但发行国际债券也可能会增加再融资风险,特别是如果发行量大且债务管理框架薄弱,将使发行国面临市场情绪波动、风险评估波动、汇率波动以及全球市场条件变化的影响。2007—2016年,非洲国家发行了大量主权债券,国际债券在公共债务总额中的占比从9%提高到了19%[1]。撒哈拉以南非洲国家首个发行国际债券的中低收入国家是加纳,该国于2007年发行了以美元计价的10年期债券;此后,其他低收入国家和中低收入国家加快了在国际市场上发债的步伐。据货币基金组织的报告,非洲地区部分国家在2017年发行了75亿美元的主权债券,是2016年发行量的10倍,为历史最高[2]。到2018年,已有16个非洲中低收入国家和低收入国家发行了国际债券,发行规模相当大。2018年第一季度,肯尼亚发行了10年期和30年期债券各10亿美元,票面利率分别为7.25%和8.25%;尼日利亚共发行了12年期债券25亿美元,票面利率为7.1%,20年期债券的利率为7.6%[3]。在一些撒哈拉以南非洲国家,欧洲债券在其总公共债务存量中占比很高,截至2016年,加蓬发行的欧洲债务占其公共债务存量的比重高达48%,纳米比亚为32%,科特迪瓦为26%,赞比亚为24%,加纳为16%,塞内加

---

[1] World Bank, "Africa's Pulse, An Analysis of Issues Shaping Africa's Economic Future", Arpil 2018, Vol. 17, http://www.worldbank.org/content/dam/Worldbank/document/Africa/Report/Africas-Pulse-brochure_Vol9.pdf.

[2] IMF, "Regional Economic Outlook: Domestic Revenue Mobilization and Private Investment", https://www.imf.org/en/Publications/REO/SSA/Issues/2018/04/30/sreo0518.

[3] World Bank, "Africa's Pulse, An Analysis of Issues Shaping Africa's Economic Future", Arpil 2018, Vol. 17, http://www.worldbank.org/content/dam/Worldbank/document/Africa/Report/Africas-Pulse-brochure_Vol9.pdf.

尔为15%，卢旺达为13%①。从2021年开始，非洲国家发行的国际债券开始逐渐到期，将给非洲国家带来较大的偿债压力。

来自商业银行的贷款也在非洲国家债务中占有不小的比重，除国际债券和商业银行贷款外，多边金融机构也持有大量的非洲国家外债。目前，撒哈拉以南非洲国家政府债务中有38%来自商业银行，36%来自世界银行和国际货币基金组织等多边金融机构，26%来自其他国家政府的贷款②。作为其他国家政府之一的中国，其贷款在非洲外债中所占的比例只会更少。根据美国约翰·霍普金斯大学中非研究项目的数据，中国对非洲国家的贷款近年来有所增加，但在非洲当年债务余额中所占比例仍然很低，在2011年之前一直未超过2%，2016年达到历史最高的5%，见图3-27。2015年和2016年，中国对非洲国家贷款大幅增加，2015年贷款额为130亿美元，2016年贷款额为300亿美元，主要是因为在2015年的中非合作论坛中，中国承诺将对非洲提供总额600亿美元的资金支持；包括：提供50亿美元的无偿援助和无息贷款；提供350亿美元的优惠性质贷款及出口信贷额度，并提高优惠贷款优惠度；为中非发展基金和非洲中小企业发展专项贷款各增资50亿美元；设立首批资金100亿美元的"中非产能合作基金"；2016年中国为安哥拉提供了一笔190亿美元的巨额贷款，扭曲了当年中国对非洲国家贷款额③。2017年，中国对非洲国家的贷款急剧回落至110亿美元左右。

中国向非洲国家提供的贷款大部分都用于非洲国家的基础设

---

① IMF, *Regional Economic Outlook*: *Sub-Saharan Africa*, 2016.

② 赵磊：《非洲债务危机，根在美元"剪羊毛"》，《环球时报》2018年7月23日。

③ Janet Ecom, Deborah Brautigam and Lina Benabdallah, "The Path Ahead: The 7th Forum on China-Africa Cooperation", *Briefing Paper of Johns Hopkins*, No. 1, 2018, http://www.sais-cari.org/date-chinese-loans-and-aid-to-africa.

施建设项目，对当地的经济发展起到了重要的带动作用。2000—2016年，中国至少在非洲国家的公路、铁路、港口和电力项目上投资了740亿美元。2015年中非合作论坛签署的贷款项目就包括了向赞比亚恩多拉国际机场（Ndola International Airport）绿地项目提供3.376亿美元优惠贷款，向津巴布韦哈拉雷·罗伯特·加布里埃尔·穆加贝国际机场（Harare Robert Gabriel Mugabe International Airport）升级项目提供1.672亿美元优惠贷款，向肯尼亚50兆瓦加里萨太阳能发电厂（Garissa Solar Power Plant）项目提供1.38亿美元优惠贷款[①]。来自中国的贷款实质性地推动了非洲

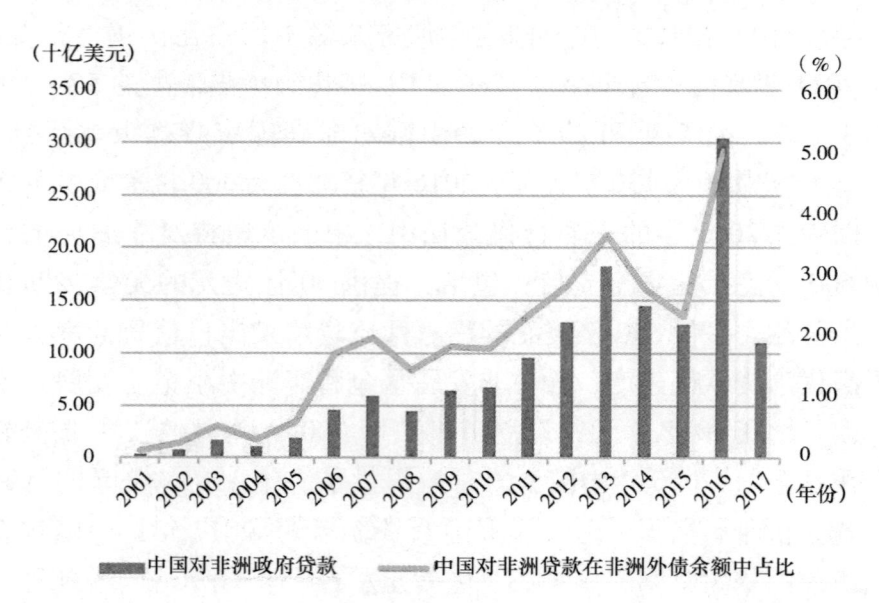

图3-27　2001—2017年中国对非洲国家政府贷款状况

资料来源：China Africa Research Initiative, Johns Hopkins University School of Advanced International Studies; Wind 数据库。由于数据不可得，2017年中国对非洲贷款在非洲外债余额中占比未知。

---

① Janet Ecom, Deborah Brautigam and Lina Benabdallah, "The Path Ahead: The 7th Forum on China-Africa Cooperation", *Briefing Paper of Johns Hopkins*, No.1, 2018, http://www.sais-cari.org/date-chinese-loans-and-aid-to-africa.

国家基础设施建设和自主发展能力的提升，推动了非洲国家经济的增长，实质上有利于减少非洲国家的债务负担，提高偿债能力。

近年来，由于国际大宗商品价格下降及非洲国家货币不同程度的贬值，多数非洲国家的债务风险都有不同程度的提升。根据国际货币基金组织的低收入国家债务可持续性分析，截至2018年8月，非洲低收入国家中有16个处于债务危机中或面临高债务风险[①]。而这16个国家中的8个，包括布隆迪、冈比亚、佛得角、中非共和国、圣多美和普林西比、南苏丹、乍得和毛里塔尼亚，来自中国的贷款在其外债余额中所占比重较小，对这些国家债务累积的影响极为有限。如中国持有佛得角的债务不到2%；截至2017年，冈比亚的外债余额中没有来自中国的贷款。在埃塞俄比亚、加纳、莫桑比克、津巴布韦、喀麦隆和苏丹六国中，来自中国的贷款规模虽然相对较大，但这些国家也从其他金融机构或国家获得了大量贷款。自2000年以来，埃塞俄比亚从中国获得了约121亿美元贷款，但也从中东国家和世界银行等国际金融机构获得了169亿美元的贷款。加纳外债总额约250亿美元，来自中国的贷款不足40亿美元。莫桑比克外债总额超过100亿美元，来自中国的贷款约23亿美元。中国是喀麦隆最大的债权国，但来自中国的贷款不到其总债务的1/3。中国对津巴布韦的贷款在其外债总额中的占比也相对较小，津巴布韦的外债中有77%来自巴黎俱乐部国家和多边债权人。苏丹的外债一半来自巴黎俱乐部成员国，另一半来自非巴

---

① 根据国际货币基金组织公布的数据，非洲低收入国家中目前有16个国家正处于债务危机中或面临高债务风险，这16个国家分别是布隆迪、喀麦隆、佛得角、中非共和国、乍得、吉布提、埃塞俄比亚、冈比亚、加纳、毛里塔尼亚、莫桑比克、圣多美和普林西比、南苏丹、苏丹、赞比亚、津巴布韦。由于缺乏数据，厄立特里亚和索马里不包括在内，https://www.imf.org/external/pubs/ft/dsa/dsalist.pdf。

黎俱乐部成员国；非巴黎俱乐部成员国除了中国外，还包括其他中东国家。只有赞比亚和吉布提这两个国家，中国对其提供的贷款可能造成了债务风险的增加。截至 2017 年年底，赞比亚的债务总额为 87 亿美元，其中至少 64 亿美元来自中国金融机构①。这一数字来自霍普金斯于 2018 年发布的研究报告，但与实际情况并不完全吻合，据赞比亚官方声明，赞比亚目前债务总额中约 22 亿美元来自中国。

  2018 年，赞比亚正面临着国际投资者对其外债数额的严重质疑。有投资者认为，赞比亚实际外债数额可能是其公布数字的两倍多，这引发了投资者的担忧；认为赞比亚可能会像邻国莫桑比克一样，因隐形债务而导致违约问题；并认为赞比亚债务中有很大比例来自中国，赞比亚已经陷入债务危机之中②。赞比亚多位政府人士对上述言论进行了驳斥，一方面驳斥赞比亚已经陷入了严重的债务危机；另一方面驳斥中国是赞比亚债务的最大来源。2018 年 5 月 18 日，赞比亚财政部发言人表示，赞比亚目前的债务总额中约 22 亿美元来自中国，包括优惠性贷款及商业贷款。赞比亚政府目前在正常还款，政府对其任何债务，包括欧债，均不存在违约行为，未来也不会违约。赞比亚政府外债总额 87 亿美元，内债总额 484 亿克瓦查（约合 50 亿美元），政府欠款 127 亿克瓦查（约合 13 亿美元）③。2018 年 9 月 13 日，赞比亚财政部长称，赞比亚政府没有向任何贷方提供任

---

① Janet Ecom, Deborah Brautigam and Lina Benabdallah, "The Path Ahead: The 7th Forum on China-Africa Cooperation", *Briefing Paper of Johns Hopkins*, No. 1, 2018, http://www.sais-cari.org/date-chinese-loans-and-aid-to-africa.

② 《外债问题突出，赞比亚隐性债务遭外界质疑》，http://wemedia.ifeng.com/55723129/wemedia.shtml。

③ 《赞财政部表示对中国债务不会违约》，http://zm.mofcom.gov.cn/article/jmxw/201805/20180502746995.shtml。

何国有企业作为任何借款的抵押品，赞比亚政府也没有任何对中国政府和其他中国贷方的债务拖欠或违约。同时澄清，在2018年上半年，共有3.4亿美元作为利息支付给了债权人，而不是《非洲机密》报道的4.89亿美元。其中，商业债务占总债务的53%，而欠中国的债务则不到30%。为再次强调上述内容，赞比亚财政部部长发表了正式声明，主要内容如下。

我们不安地注意到，一些媒体和个人恶意发布有关赞比亚经济和债务状况的误导性信息，特别是2018年9月3日《非洲机密》刊登的题为《债券、票据和更大债务》的文章。鉴于上述情况，我现在希望解决《非洲机密》报告中提出的一些问题，具体如下：《非洲机密》报告与债务收购有关，作为国有企业的股权部长，并以"贷款和担保授权法"和"公共财政法"规定的贷款收缩和偿债部长的身份，声明如下：第一，赞比亚共和国对中国政府和其他中国贷方没有任何债务违约。第二，肯尼思·卡翁达国际机场（KKIA）的贷款现仍由贷款人支付。在这方面，我们尚未开始偿还贷款，因为新机场航站楼仍在建设中。第三，来自中国贷方的赞比亚电力供应公司（ZESCO）贷款涉及卡里巴北岸电站扩建项目和最近启动的卡富埃峡谷下电站建设项目，而这两个电站是独立于赞比亚电力供应公司（ZESCO）之外的，赞比亚电力供应公司（ZESCO）仅持有两个电站的股权（通过一个单独的专用车辆）。卡里巴北岸电站扩建项目的贷款偿还正在进行中，而卡富埃峡谷下电站建设项目的还款尚未开始，因为电站仍在建设中。第四，关于数字电视整转，政府从中国获得贷款，以确保该计划在赞顺利实施。赞比亚国家广播公司（ZNBC）从未被作为贷款的抵押品。相反，赞比亚国家广播公司（ZNBC）和四达时代（StarTimes）创建了通士达（TopStar）独立专用车，以实施数字电视整转计划。第五，对于其他从中国政府签订的贷款，其担保形式是从中国出口信用保险公司获得的保险，对于赞比亚国有企业，中信保的保险和政府担保已到位。因此，没有为借款提供资产形式的抵押，且没有任何担保被要求①。因此，暗示中国政府接管任何资产是不实的。此外，我希望声明，赞比亚与其任何债权人（包括中国）之间从未讨论过债务或资产交换。

从上面梳理的非洲国家债务累积的原因和近期债务的主要来源来看，中国造成了非洲国家的债务风险的说法不攻自破。

---

① 《就近期媒体谣传 赞政府发表声明》，https：//www.sohu.com/a/253949013_617282。

四 国家债务风险分析框架

(一) 多边国际组织的债务可持续性分析框架

1. "重债穷国动议"

20 世纪 70 年来以来,随着拉丁美洲中等收入国家和非洲低收入国家的债务危机相继爆发,债务拖欠问题已成为威胁世界经济和金融体系稳定的一大问题。其中,1995 年多边债务已经占到非洲长期外债总额的 1/4 左右。在传统减债机制效果不明显的情况下,1996 年国际货币基金组织和世界银行共同提出了"重债穷国动议",作为解决多边债务违约问题的一项措施。相对于传统的减债机制,该动议试图将重债国的负债额控制到可持续发展的水平,并将债务减免置于联合国减贫政策的框架之下。

1999 年,为了解决原有减债机制在实行中存在的减免数额小、交付速度慢等缺陷,两大多边国际组织在原有机制的基础上提出了加强型重债穷国动议。加强型重债穷国动议的主要目的在于使得减债政策与各债务国复杂的国情更加匹配,从而得以"更深、更广、更快"地通过债务减免减少贫困。

表4-1　　1996年和1999年重债穷国减债动议门槛值变化

指标	原始动议	加强型动议
债务净现值/出口额（%）	200—250	150
债务净现值/财政收入（%）	280	250
开放性指标	40	30
财政收入门槛值	20	15
减债额	达到完成点后固定	达到决定点后获得中期减免
前期债务减免	否	是

资料来源：World Bank, Operations Evaluation Department (OED), Washington, DC: www.worldbank.org/oed。

加强型重债穷国动议框架的主要修正案更大程度地减免了债务总额，更快地减少了还本付息额，并放宽了原始重债穷国动议中苛刻的资格标准。如表4-1所示，加强型动议框架对债务国在债务净现值/出口额、债务净现值/财政收入、财政收入门槛值等经济指标方面的要求都有较大幅度的降低，同时增加了前期减免和中期减免等选择。

综上，国际货币基金组织和世界银行发起的重债穷国动议是对传统减债机制的有益补充，以公平分担债务为宗旨，每一个多边债权人、援助机构和商业债权人在充分运用传统减债机制之后，提供与一国的债务额成正比的债务减免。此外，该动议确保了多边金融机构采取的措施与其作为"首选债权人"的身份相一致。倘若产生违约或外债还本付息问题，主权债务人将获得优惠的外汇拨款进行还本付息，而无须引起其他债权人的补救行动。然而，当前的减债机制仍存在问题，如果重债穷国无法履行还本付息的义务，可能导致《债务重新安排协议》中止并且（或者）来自各个相关债权人机构新的资金流中断。

2. 债务可持续性分析框架（DSF）

21世纪以来，作为"蒙特雷共识"[①]和联合国千年发展计划的重要目标，如何解决发展中国家的债务危机已经成为国际社会共同关心的重要问题。为缓解部分国家债务违约频发的状况，2005年，以国际货币基金组织和世界银行为代表的国际多边金融组织不仅积极通过各种减债机制减轻重债国的债务负担，还共同制定了债务可持续性分析框架（DSF）以评估各国的债务风险状况，并以此作为制定债务减免和资金援助政策的重要依据。目前，该框架已经成为各国际组织分析债务脆弱性和指导制定防治债务问题重现政策的重要工具。对未获得债务减免的国家，国际货币基金组织已经利用DSF来监控各国的债务指标，并以此作为评判债务减免资格的重要指标。国际开发协会、非洲开发银行和部分区域性金融机构也相继采用DSF来作为分配援助资金的依据。

DSF的目标主要包括以下几点：第一，根据各国国情，指导债务国的借贷政策，使之具有可持续性。第二，为债权人的借款和援助提供指导意见，确保债务国的发展目标与长期债务可持续能力相一致。第三，不断改善国际货币基金组织和世界银行提供的债务评估意见的有效性。第四，帮助债务国尽早发现潜在债务危机，以尽早采取预防措施。总而言之，DSF的设立并不是要限制对债务国的资金援助，而是提供对援助是否符合债务可持续性的评估。

与政策和制度较强硬的低收入国家相比，政策和制度比较软弱的低收入国家更容易在债务水平较低时遇到偿债问题。因此，

[①] 2002年3月22日，联合国发展筹资国际会议在墨西哥北部工业城市蒙特雷落下帷幕，各国元首或政府首脑就国际发展筹资达成共识，即"蒙特雷共识"，主要包括调动国内经济资源、增加私人国际投资、开放市场和确保公平的贸易体制、增加官方发展援助、解决发展中国家的债务困难和改善全球和区域金融结构、发展中国家在国际决策中的公正代表性六方面内容。

DSF 用世界银行国家政策和制度评估（CPIA）指数（强硬、适中、软弱），将这些国家归类，对不同的国家使用不同的指导性门槛值。世界银行每隔一年或两年将发布新的国际开发协会资源配置指数（IDA Resource Allocation Index, IRAI），该指数主要从宏观经济管理、结构化政策、社会发展政策、公共部门管理四大部分进行评估。根据 IRAI 得分值对应的区间，可以确定债务国所属的 CPIA 类别。2013 年，国际货币基金组织与世界银行对 CPIA 进行了调整，即当年偿债额/财政收入比率的门槛值有所降低。

表 4-2　　　　　　　IRAI 分值区间对应的 CPIA 指数

IRAI 分值区间	CPIA 指数
[0.00, 3.25]	软弱
[3.25, 3.75]	适中
[3.75, 6.00]	强硬

资料来源：IMF, "Staff Guidance Note on the Application of the Joint Fund-Bank Debt Sustainability Framework for Low-Income Countries", IMF Policy Paper, 2008。

表 4-3　　　　　　　DSF 框架下的债务负担门槛值　　　　　　　单位：%

项目	CPIA 指数		
	强硬	适中	较弱
债务净现值/GDP	50	40	30
债务净现值/出口额	200	150	100
债务净现值/财政收入	300	250	200
债务利息/出口额	25	20	15
债务利息/财政收入	35 (22)	30 (20)	25 (18)

注：括号中数字为 2013 调整后的门槛值。

资料来源：IMF, "Staff Guidance Note for Public Debt Sustainability Analysis in Market-Access Countries", IMF Policy Paper, 2013。

DSF 分析一国的外债，也分析政府债务，它将一国的债务风险水平划分为以下几个等级：低风险（Low Risk），即所有债务指标远低于指导性门槛值；中等风险（Moderate Risk），即债务负担指标低于指导性门槛值，但是压力测试表明如果宏观经济政策出现外部冲击或者突变，可能会超过门槛值；高风险（High Risk）即一个或者多个指标超过了指导性门槛值，但不会立即出现偿债困难；债务危机（Indebt Distress），即出现难以偿还到期债务问题。

除上述以 CPIA 为基础的债务可持续性评估方法外，DSF 框架还包括债务可持续性分析（DSA）。DSA 主要内容包括以下几点：第一，预测一国 20 年的债务负担，并通过压力测试和预测的研究方法研究其对外部不确定性和国内政策变动的脆弱性。第二，根据对一国的经济政策和国家制度的评估，预测发生债务危机的可能性。第三，提出借贷建议和防范债务危机的有效措施，减少不良债务风险。

目前国际货币基金组织债务可持续性分析方法将成员国分为"低度审查"国家与"高度审查"国家两类，在对所有国家进行基础分析之外，还要对"高度审查"国家再进行额外的风险识别。基础分析包括基准情景、标准化替代情景以及个体化替代情景；而对"高度审查"国家的风险识别则包括了实际经济增长冲击、初级财政盈余冲击、融资利率冲击、汇率冲击及或有负债冲击等五种情景。

DSA 分析主要包括以下三个步骤：首先，根据一国宏观经济指标的预测值来估计负债率等债务指标在未来数年内的变化，这些债务指标要处于一个相对合理的区间内，且不能有大幅的波动。其次，对这些债务指标进行情景分析，主要考察可能出现的各种负面情况对一国一段时间内债务水平的影响。最后，国际货币基金组织根据各种情景假设的结果，从债务水平风险、融资风险及债务状况风险三个维度，得出关于受评国债务可持续性的结论。

DSF 提供了分析一国债务负担相对有效的方法，对评估一国的主权信用、债务风险水平及未来正常的对外偿债能力具有积极作用。通过提高分析的频率和质量，DSF 使得国际货币基金组织和世界银行能够更加有效地整合债务问题和政策建议。同时，该框架以净现值为中心的分析方法也保证了不同国家之间的可比性。但是 DSF 方法目前也存在一定争议。从测算方法看，债务负担指标的测算依赖假设，具有较强的主观性。从指标选择看，数据可得性问题尚未解决。从债务规模角度看，DSF 未考虑到债务增量对低收入国家经济发展的积极作用。

（二）评级公司的主权信用评估框架

国家债务风险评估的另一个重要来源是信用评级机构对各个主权实体的主权信用评估。信用评级机构一般采用 4 到 5 类角度对主权实体进行评估，每一类角度的分析依赖于一些重要的变量参数。评级机构通过对各种变量参数打分和设定权重来得到分值，对分值进行系统性归纳形成评级预示区间。在得到初始分值之后，评级机构还会根据各个国家不同的状况进行分数调整。

目前市场上占主导的主权信用评级机构是标准普尔公司（Standard & Poor's）、穆迪公司（Moody's）和惠誉国际（Fitch），中国主要的主权信用评级机构是大公国际资信评估有限公司，以下分别对标准普尔、穆迪、惠誉和大公国际的评级标准进行简要阐述。

1. 标准普尔

标准普尔采用的是定性和定量相结合的方法，从宏观经济、国家财政、机构效率、外部平衡和货币政策等五个方面对一国的主权信用状况进行评级。评级时选取相应的若干个指标进行加权平均。

标准普尔分配权重的过程较为简单，首先按照标准普尔的方法分别为宏观经济和机构效率以及国家财政、外部平衡和货币政策的组合计算出简单的算术平均值，然后基于一种特殊权重矩阵模型，根据二者的平均值再计算出评级预示区间。评级预示区间可以根据其他因素进行相应的调整。

标准普尔的信用评级分为长期评级（五年以上）和短期评级（一年以下），其中长期评级又分为投资级和投机级两大类，共10级，从高到低分别为AAA、AA、A、BBB、BB、B、CCC、CC、C、D。

表4-4　　　　　　　　　　标准普尔关注的主要指标

宏观经济	国家财政	机构效率	外部平衡	货币政策
人均GDP	国债变化	政治机构和经济政策效率、稳定、透明度	外汇储备状态	汇率政策
人均GDP增长趋势	净国债额	地缘政治和外部安全风险	本地外汇市场流通情况	货币政策的信誉和效率
经济多元化	利息支出	还债意愿	国际收支差额	通货膨胀
贷款市场兴旺值	政府流动资金，财政收入波动		净国际投资头寸	实际汇率稳定
	国债中外币债务占比，剩余还款期		国际市场交换比率	金融中介市场和贷款市场的发展程度
	非居民持有国债余额			
	税法制度的灵活度			
	联合国发达指数人口			
	公共机构的债务			
	银行业的主权贷款风险敞口			

资料来源：Standard & Poor's Rating Services（2013）：Sovereign Government Rating Methodology and Assumptions. https：//www.globalcreditportal.com/ratingsdirect/renderArticle.do?articleId=1150958&SctArtId=164326&from=CM&nsl_code=LIME&sourceObjectId=8043981&sourceRevId=1&fee_ind=N&exp_date=20230625-15：42：28。

2. 穆迪

穆迪也是采用定量和定性相结合的方法，从宏观经济、国家财政、机构效率、事件冲击等四个方面对国家主权信用风险进行综合评定。

穆迪的评级方法相对较为复杂，首先将宏观经济和机构效率进行加权平均。当主权实体在某一个领域获得最低或最高的分数时，按2/3的权重计算。随后，将以上两个领域综合权重的评分与国家财政领域相比较，并用特殊的矩阵模型形成权重。从宏观经济和机构效率的组合中得出的权重，在高分情况下权重较高，中等情况下权重中等，低分情况下权重又很高。也就是说，如果主权实体具有很强或很弱的宏观经济和机构效率，则国家财政领域的分数不太重要。最后，在另一个权重模型的基础上将分数与事件风险领域进行比较。

穆迪对一国的主权信用评级分为两种：一是政府债券评级，在考虑一国政府及时偿付债务的能力和意愿的基础上，评估政府的违约风险；二是外币和本币上限评级，评估政府对其他经济体偿还债务的能力所可能带来的干预。和标准普尔一样，穆迪的信用评级也分长期和短期，其中长期评级分为9个等级，从高到低分别为 Aaa、Aa、A、Baa、Ba、B、Caa、Ca、C。

表4-5　　　　　　　　　穆迪关注的主要指标

宏观经济	国家财政	机构效率	事件冲击
实体经济增长	国债	政府执政效率	内政风险
实体经济波动	利息支出	通货膨胀	地缘政治风险
WEF竞争力指数	国债发展趋势	通胀波动率	总借款需求
名义GDP	外币债务占国债比率	破产历史	非居民持有国债余额
人均GDP	公共机构负债		市场隐含评级
经济多元化	国家财政的金融工具		基础信用评级（BCA）

续表

宏观经济	国家财政	机构效率	事件冲击
贷款市场兴旺值			银行业总资产与GDP的比例
			贷款/存款指数
			国际收支差额 + FDI
			外部脆弱性指标
			净国际投资头寸

资料来源：Moody's Investor Service (2013)：Rating Methodology. Sovereign Bond Ratings. https：//www.moodys.com/researchdocumentcontentpage.aspx? docid = PBC_157547。

3. 惠誉

惠誉通过四个方面对一国主权信用状况进行评级，分别是宏观经济、国家财政、结构性因素和外部平衡。相对于标准普尔和穆迪，惠誉的透明度较低，仅列出了考虑的参数，没有公布每个参数相应的比重和评估方法。惠誉的信用评级也分为长期和短期，其中，短期评级更关注流动资金问题。惠誉的长期评级分为12等级，从高到低分别为AAA、AA、A、BBB、BB、B、CCC、CC、C、DDD、DD、D。

表4-6　　　　　　　　惠誉关注的主要指标

宏观经济	国家财政	结构性因素	外部平衡
实体经济增长	预算赤字	现金供应	原料依赖程度
实体经济波动	国债	人均GDP	国际收支差额 + FDI
通货膨胀	利息支出	政府执政效率	国家财政外债
	外币债务占国债比率	外汇储备状态	对外利息支出
		自最后一次破产后经过的年数	外汇储备

资料来源：FitchRatings (2014)：Sovereign Rating Criteria. Master Criteria. https：//www.fitchratings.com/creditdesk/reports/report_frame_render.cfm? rpt_id = 754428。

4. 大公国际

大公国际通过对一国的偿债环境、财富创造能力、偿债来源和偿债能力进行分析，对一国的主权信用状况进行评级。大公国际采用定性和定量相结合的方法，通过对相应指标进行加权平均得到相应数值，再将数值映射到所对应的级别区间得到评级结果，再由评审委员会对计算结果进行审核，并考虑评级系统中未以指标形式出现的因素，确定最终级别。大公国际的信用评级分为11个等级，从高到低分别为AAA、AA、A、BBB、BB、B、CCC、CC、C、SD、D，其中D级是违约级。

表4-7　　　　　　　　　　大公关注的主要指标

偿债环境	财富创造能力	偿债来源	偿债能力
国家权力稳定性	税收收入规模与结构	财政收入	中央政府总债务/GDP
政府管理能力	GDP	财政支出	中央政府短期债务/政府总债务
金融部门提供的国内信用/GDP	人均GDP	中央政府初级财政平衡/GDP	中央政府利息支出/财政支出
私人部门信用增长率	经济增长率	中央政府净金融资产/GDP	中央政府外债/政府总债务
本地股市融资能力	失业率	中央政府融资需求/GDP	国家总外债/GDP
贷款融资便捷度	通货膨胀率	外部支持	国际投资头寸净值/GDP
银行业存贷比	经常项目平衡/GDP	货币发行	外部融资需求/外汇储备
不良贷款率	中央政府财政收入稳定性		外国直接投资净额/GDP
资产利润率	国内总储蓄率		汇率稳定性
杠杆率	基尼系数		
私人部门债务/GDP	长期经济增长潜力		
房价指数涨跌幅与经济增长和居民收入增长匹配度			

资料来源：大公国际资信评估有限公司，《大公主权信用评级方法》，2015。

（三）现有文献研究结论

随着经济全球化进程的加快，海外投资并购热潮的兴起，国家间债务往来愈加密切的同时债务危机也不时发生。目前学术界认为主权信用危机的产生主要源于两方面：一是由于偿付能力或流动性问题导致的能力不足，二是违约成本低于收益导致较低的偿还意愿。当一个企业进行海外投资时，东道国的主权信用状况是重要的考量因素。因此一个能被大家所普遍接受的，对借款方的还款能力和意愿做评估，并公开以减少借贷双方间的信息不对称的主权信用评估体系是十分必要的。目前，主要有定性和定量两种方式衡量国家主权风险。定性的方式一般是在对目标国的社会、政治与经济、金融状况全面分析的基础上，选择若干关键指标进行综合风险分析，通常由评级机构以国家风险报告或特定风险指数的形式给出。定量的方式则是在若干风险因素的基础上，通过一定量化模型方法集成最终的国家风险评级指数。

现今，三大评级机构标准普尔、穆迪和惠誉对一国主权债务风险的评估结果仍然是最被广大投资者所普遍接受的，但是也存在一些不容忽视的问题。首先，三大评级机构主要采取定性和定量结合的评估方法，具有一定的主观性，可能出现信息失真问题。其次，评级机构还扮演着监管角色，主要通过提出可能降低评级的警告来督促借款方采取更正措施。但一旦出现债务风险预警，即使该国及时地采取相关财政货币政策，评级机构警告督促预期的自我实现效应依然可能导致不该发生的危机出现。最后也是最重要的，国际规则的制定仍然掌握在西方发达国家的手中，三大评级机构不可避免在一定程度上代表某些国家或者利益集团，难以形成客观真实的评判，新兴经济体由于缺乏话语权从而难以保护债权国的利益。因此，参与国际风险评级博弈,掌握评级话语权,已经成为各国参与国际准则制定的重要战略选择。

基于上述三点,不少学者从风险识别、有效监测指标选取和评估方法等方面进行改进,以期实现更精确、更有针对性的主权债务风险评估体系。

1. 风险识别

目前对于主权信用风险的识别主要有以下三种方式。一是一国发行的长期外币主权债务,这是三大评级机构的评估对象,且以违约是否真实发生为依据,强调债务违约的事实。若面临偿付债务困难的国家通过向国际货币基金组织等国际金融机构申请救助避免违约,三大评级机构不会将其纳入违约。目前这种方式主要限于国际市场准入国家,覆盖面不足,穆迪、标普和惠誉分别涵盖了 125 个、127 个和 119 个国家。二是主权信用违约互换(CDS)指数,但由于现存市场发展不成熟,做市商[①]在交易中作用大,CDS 差价容易导致投机甚至加速主权债务危机的形成。三是信用风险事件,这是在学术界较早使用且较为普遍的一种衡量方式,以发生违约、重组或申请国际货币基金组织非优惠贷款超过一定份额作为判别标准。

2. 有效监测指标

目前学术界公认的主要影响指标可以划分为以下五类。一是清偿能力风险,主要用资本和经常账户、债务总额等指标衡量。二是债务流动性,主要以短期债务和债务偿还占外汇储备及出口总额的比重等度量。三是宏观经济指标,包括 GDP 增长率、通货

---

① 亦名坐市商,指在证券市场上,由具备一定实力和信誉的独立证券经营法人作为特许交易商,不断向公众投资者报出某些特定证券的买卖价格(即双向报价),并在该价位上接受公众投资者的买卖要求,以其自有资金和证券与投资者进行证券交易。

膨胀率等。四是政治自由度，以政治自由度、政治周期等政治制度指标为代表。五是系统性风险，主要指债务危机的传染性。

3. 理论模型

不少学者从金融学经典理论出发，建立了相关的主权信用风险评估的理论框架。贾罗等（Jarrow et al.）构建了一个信用风险期限结构的马尔科夫模型，通过实际数据测算出相关参数，从而对各国的主权债务违约可能进行测算[1]。奥尔特曼和桑德斯（Altman & Saunders）将投资组合理论应用到主权债务风险评估当中，以企业债为例分析了债券收益和违约风险概率之间的关系[2]。哈伊里则构造了一个考虑了战略型债务减免因素主权债务定价模型，并通过数值模拟证明了模型与现实数据良好的匹配性[3]。该模型与世界银行的非洲债务减免项目有较好的适配性，有望进一步运用到非洲债务风险和债务危机的评估和分析当中。威斯特法伦（Westphalen）指出，主权国家发生债务违约时不能以破产的方式进行清算，主权债务违约与企业债务违约是有区别的，因此不适用于经典的投资组合理论。笔者假定违约发生时，债权人重新安排债务（新债务的回报高于违约发生时的回报），并以此为基础构建了一个信用风险模型以期对主权债务风险加以评估[4]。

但理论模型的缺陷在于均需假定信用风险市场较为完善，

---

[1] Jarrow R. A., Lando D., Turnbull S. M., "A Markov Model for the Term Structure of Credit Risk Spreads", *The review of financial studies*, Vol. 10, No. 2, 1997, pp. 481 – 523.

[2] Altman E. I., Saunders A., "Credit Risk Measurement: Developments over the Last 20 Years", *Journal of Banking & Finance*, Vol. 21, No. 11 – 12, 1997, pp. 1721 – 1742.

[3] Hayri A., "Debt relief", *Journal of International Economics*, Vol. 52, No. 1, 2000, pp. 137 – 152.

[4] Westphalen M. S., "Valuation of Sovereign Debt with Strategic Defaulting and Rescheduling", FAME Research Paper, No. 43, 2002.

这在现实中显然是不成立的。因此,大量的实证模型也应运而生,以期从现实数据出发,得到精准的评估和预测模型。

4. 实证模型

主权债务风险评估的实证模型主要分为以下三类。

第一类是 logit/probit 模型,该模型主要选取一系列的宏观经济变量作为控制变量,以风险识别指标作为被解释变量进行回归分析,测算出相应回归方程系数,以实现对债务风险的评估和预测。恰洛内和特雷贝斯基(Ciarlone & Trebeschi)用一个区分了"稳定期""危机期"和"后危机期的"的 probit 模型,估计结果表明模型对债务危机的预测正确率达到 76%[1]。富尔特斯和卡洛蒂秋(Fuertes & Kalotychou)通过统计检验进一步考虑了数据生成过程(DGP),引入了异方差,以 logit 模型为基础对一国发生债务危机的概率进行了估计,并通过损失函数对债务危机发生概率进行预测。通过与实际数据的对比,笔者认为 logit 模型的估计和预测能力均强于更为复杂的模型[2]。Probit/logit 模型操作简单,但缺点在于控制变量选取的随意性和不一致性,因此有学者提出其他更为复杂的模型以对其进行补充。

第二类是结构模型,包括判别分析法和主成分分析法两类。判别分析法的主要思想是在分类确定的条件下,选取相关指标,根据不同国家的分类,分别进行评估和测试,该方法的优点在于考虑了不同类型国家的异质性。弗兰克和克莱因(Frank & Cline)针对发展中国家,以计算简单和预测性强为基本原则,

---

[1] Ciarlone A., Trebeschi G., "Designing an Early Warning System for Debt Crises", *Emerging Markets Review*, Vol. 6, No. 4, 2005, pp. 376 – 395.

[2] Fuertes A. M., Kalotychou E., "Early Warning Systems for Sovereign Debt crises: The Role of Heterogeneity", *Computational Statistics & Data Analysis*, Vol. 51, No. 2, 2006, pp. 1420 – 1441.

选取债务、出口收入比率等八个指标，考虑了不同指标在不同国家的波动性差异，运用判别分析法对发展中国家的债务违约概率进行预测和评估[1]。乔治耶夫斯卡等（Georgievska et al.）运用1981—2002年的数据，以一组宏观经济和政治指标作为解释变量，利用主成分分析（PCA）的方法对124个新兴经济体主权债务违约的概率进行评估，并与三大评级机构的评估结果进行对比，认为三大评级机构通常会低估新兴经济体的违约概率，对其评级持过于乐观的态度[2]。

第三类是信号预警理论，该理论认为，在债务危机发生之前，一些指标会发生异常变动，因此可以通过观测这些指标的变动来评估一国发生债务危机的可能。卡明斯基等（Kaminsky et al.）以指标异常变动后的24个月内是否发生债务危机为界限，选取一国汇率偏离程度、广义货币与国际储备比率等十几个指标，通过最小化"噪音—信号比"的方法，估计一国可能发生债务危机的临界值，该临界值被称为债务危机的"信号"。通过估计认为，由于债务危机可能由不同原因导致，因此在建立信号预警的框架时，应考虑尽可能多的经济指标以使评估结果更为精确[3]。玛拿西和鲁比尼（Manasse & Roubini）采用分类和回归树方法（CART），通过数据挖掘技术，筛选出10个解释力度高的经济指标，并计算出发送"债务危机信号"的临界值，来对一国债务风险进行评估。同时认为，单纯无条件的临界值

---

[1] Frank Jr C. R., Cline W. R., "Measurement of Debt Servicing Capacity: An Application of Discriminant analysis", *Journal of international Economics*, Vol. 1, No. 3, 1971, pp. 327 – 344.

[2] Georgievska A., Georgievska L., Stojanovic A., et al., "Sovereign Rescheduling Probabilities in Emerging Markets: A Comparison with Credit Rating Agenciesâ Ratings", *Journal of Applied Statistics*, Vol. 35, No. 9, 2008, pp. 1031 – 1051.

[3] Kaminsky G., Lizondo S., Reinhart C. M., "Leading Indicators of Currency Crises", *Staff Papers*, Vol. 45, No. 1, 1998, pp. 1 – 48.

对于债务危机的发生预测能力很弱，不同指标对流动性风险、清偿能力不足风险和宏观经济风险这三种可能的机制而导致债务危机的解释力度和相应临界值不同，只有有条件的门槛效应才能够较为精准地对债务风险进行评估①。萨伏纳和韦佐利（Savona & Vezzoli）采用了一种新的回归树的方法，即在第一步中，每次去除一个国家进行估计，从而得到多个估计结果，在第二步中用第一步得到的估计量的平均值作为被解释变量进行评估和预测。文章结论表明，流动性不足、历史违约记录和实际 GDP 增长率是导致欧洲债务危机的重要因素②。菲奥拉曼蒂（Fioramanti）引入人工神经网络（ANN）的方法，将信号预警理论进一步延伸，并证明在特定的条件下，ANN 的对债务危机的预测效果要优于 probit 模型结果③。

除了以上三类模型之外，也有学者从其他角度提出了有针对性的评估方法，主要有以下几种：一是主权资产负债表方法。艾伦等（Allen et al.）认为，通过基态修正模型（BSA）可以清晰地界定出四类主要的金融风险：期限错配、货币错配、资本结构错配及清偿能力缺失④。李扬等基于国民资产负债表的理论框架，利用现有数据编制了中国资产负债表，通过债务结构对

---

① Manasse P., Roubini N., "'Rules of Thumb' for Sovereign Debt Crises", *Journal of International Economics*, Vol. 78, No. 2, 2005, pp. 192 – 205.

② Savona R., Vezzoli M., "Fitting and Forecasting Sovereign Defaults using Multiple Risk Signals", *Oxford Bulletin of Economics & Statistics*, Vol. 77, No. 1, 2015, pp. 66 – 92.

③ Fioramanti M., "Predicting Sovereign Debt Crises Using Artificial Neural Networks: A Comparative Approach", *Journal of Financial Stability*, Vol. 4, No. 2, 2008, pp. 149 – 164.

④ Allen M., Rosenberg C. B., Keller C., et al., "A Balance Sheet Approach to Financial Crisis", IMF Working Paper, December 2002.

中国的主权信用风险水平进行了系统的评估①。二是数据包络分析（DEA）产出分析法。数据包络分析产出分析法侧重于一国风险管理的效率。王稳等将既定风险下的贸易与投资最大化的生产效率作为国家风险管理效率的体现，对包括政治风险（含战争和内乱、国有化和征收、汇兑限制等）和主权信用风险在内的国家风险进行评估，形成了一个新的国家风险评估框架②。三是将风险传染机制加入模型。国家间经济往来意味着一国的债务状况很容易对相关贸易伙伴国或者地缘邻国的债务产生影响。张等（Zhang et al.）基于 GHST 设定的动态多元高斯分布，考虑了区域国家信用主权风险之间的交互影响，例如希腊主权债务危机除了影响自身的债务风险水平之外，还会影响与之经济往来密切的其他国家的主权风险，在经济全球化不可逆的趋势下，形成了一个新的、更贴近现实的主权债务评估框架③。

5. 债务可持续性与主权债务风险

近年来，债务可持续性逐渐成为主权债务风险的另一种表述。世界银行以债务可持续性为原则，提出对非洲欠发达国家的债务减免项目。现有学术研究中主要以受限债务存量衡量可持续性，一个国家债务可持续等价于现有债务水平低于某一临界值。巴哈穆沙、索恩和刘（Baharumshah, Soon and Lau）通过非线性回归分析，将债务水平对经济增长的影响变为显著负效

---

① 李扬、张晓晶、常欣等：《中国主权资产负债表及其风险评估（下）》，《经济研究》2012 年第 7 期，第 4—21 页。
② 王稳等：《国家风险分析框架重塑与评级研究》，《国际金融研究》2017 年第 10 期，第 34—43 页。
③ Zhang X., Schwaab B., Lucas A., "Conditional Probabilities and Contagion Measures for Euro Area Sovereign Default Risk", Tinbergen Institute Discussion Papers, 2011, 11 - 176/2/dsf29, No. 2, pp. 76 - 79.

应的点作为临界值的衡量①。特兰（Tran）基于非线性的主权债务风险溢价，认为在债务收入比较低时，主权风险溢价随债务风险缓慢上升，但超过某一临界值之后，两者呈显著正相关关系，并通过面板门槛回归模型来确定该临界值②。

---

① Baharumshah A. Z. , Soon S. V. , Lau E. , "Fiscal Sustainability in an Emerging Market Economy: When Does Public Debt Turn Bad?" *Journal of Policy Modeling*, Vol. 39, No. 1, 2016, pp. 99–113.

② Tran N. , "Debt Threshold for Fiscal Sustainability Assessment in Emerging Economies", *Journal of Policy Modeling*, 2018.

五 非洲国家债务风险评估和评级

本报告将采用定性和定量相结合的方法,从经济基础、偿债能力和政治稳定等三个方面对非洲国家的主权信用状况进行评级。评级时首先对各项指标进行标准化,然后采用加权平均的方法得到经济基础、偿债能力和政治稳定三大要素各自的得分,最后采用赋权的方法对三大要素得分进行加权平均得到最终评估结果。债务评估的目的在于了解非洲国家的债务现状,评估非洲国家的债务风险状况,并以此作为中国对非洲国家进行债务减免、资金援助和未来经贸项目合作的重要依据。债务评估亦有利于帮助非洲国家了解自身的债务状况,及时发现潜在的债务危机,以便尽早采取相应的应对措施。

（一）指标选取

1. 经济基础指标

运行良好的宏观经济是一国债务偿还能力的基础,能够显著降低该国的主权债务风险。具体来看,较高的经济总量和经济发展程度能够增强一国抵御国内外风险的能力,较快的 GDP 增速将显著增强债务偿还的可持续性,降低债务违约率。同时,一国经济增长的波动也会对债务违约风险产生影响,经济波动将扰乱借债节奏,引发债务危机的可能。另外,失业率、通胀率、经济开放度等指标的变动也会对经济发展和债务结构的稳定性产生深刻影响。

为衡量非洲国家的宏观经济基础情况,我们选取了九个子指标(见表5-1)。其中,GDP总量、人均GDP和GDP增速分别用来衡量一个国家的经济整体规模和当前的经济发展水平;5年波动系数则用来衡量各国经济增长的稳定性;GDP增速、通胀率和失业率用来衡量经济绩效;而(进口+出口)/GDP、(外商直接投资+对外直接投资)/GDP和Chin-Ito指数①则分别从贸易、投资和资本管制等方面衡量了一国的经济开放程度。

表5-1　非洲国家债务风险评估依据的宏观经济基础衡量指标

经济基础指标	指标说明	数据来源
1. 经济规模	GDP总量	WEO
2. 发展水平	人均GDP	WEO
3. 经济增速	GDP增速	WEO
4. 经济波动性	GDP增速的波动性(5年波动系数)	WEO
5. 贸易开放度	(进口+出口)/GDP	WDI
6. 投资开放度	(外商直接投资+对外直接投资)/GDP	WDI
7. 资本账户开放度	Chin-Ito指数(反映资本账户管制能力)	波特兰州立大学
8. 通货膨胀	居民消费价格指数(CPI)	WEO
9. 失业率	失业人口占劳动人口的比率	WEO

注：WEO为国际货币基金组织的World Economic Outlook Databases，WDI为世界银行的World Development Indicators。

资料来源：IMF、世界银行、波特兰州立大学数据库。

2. 偿债能力指标

偿债能力是债务人在一定时间内的偿债来源对到期债务的偿还能力,主要受债务总量和偿债来源的影响。债务总量反映

---

① Chin-Ito指数是Menzie Chinn和Hiro Ito基于IMF的《汇兑安排与汇兑限制年度报告》中的跨境金融交易限制虚拟变量计算得出。

一国的现实债务状况,是衡量一国债务风险的基础,一般而言,债务总量越高,其发生债务风险的可能性就越大。偿债来源则反映一国政府偿还债务、抵御债务风险的能力,主要来自一国政府的财政收入,贸易状况和国民储蓄也会对其偿债能力产生影响。一国的财政收入、国民储蓄越高,贸易状况越好,其抵御债务风险的能力就越强。

根据以上分析,我们分别选取了七个指标对一国的偿债能力进行衡量。其中,公共债务/GDP、短期外债/总外债、外债利息/GNI 用来衡量一国的债务总量,而财政余额/GDP、经常账户余额/GDP、贸易条件、总储蓄/GDP 则用来衡量一国的偿债来源,各个指标的具体含义如表 5-2 所示。

表 5-2　　　非洲国家债务风险评估依据的偿债能力指标

偿债能力指标	指标说明	数据来源
1. 公共债务/GDP	公共债务指各级政府总债务	WEO
2. 短期外债/总外债	短期外债指期限在一年或一年以下的债务	WDI
3. 外债利息/GNI	每年应付的外债利息占 GNI 的份额	WDI
4. 财政余额/GDP	财政余额等于财政收入—财政支出	WEO
5. 经常账户余额/GDP	经常账户余额为货物和服务出口净额、收入净额与经常转移净额之和	WDI
6. 贸易条件	出口价格指数/进口价格指数	WDI
7. 总储蓄/GDP	总储蓄等于 GDP—总消费	WDI

注:WEO 为国际货币基金组织的 World Economic Outlook Databases,WDI 为世界银行的 World Development Indicators。

资料来源:IMF、世界银行数据库。

3. 政治稳定指标

政治风险可以反映一国政府的治理能力、法律法规完善度、内部社会以及外部环境稳定状况,这对于一国债务的可持续性来讲至关重要。政府治理能力弱意味着政府的政策得不到有效的实施，不可持续的政策一方面会阻碍国内经济的长远发展，另一方面频繁的政权更替会大大降低政府承诺的可信度，这些因素均会增加政府债务的违约概率，更容易发生债务危机。法律法规的完善度是对一国投资环境、合同、承诺监管和履行质量的衡量，良好的法律法规可以有效地保护债权人的权益，同时可以对政府起到应有的监督作用，使相关部门更有效地运转，从而降低债务违约风险。而内部社会及外部环境的稳定状况决定了一国能否拥有良好的发展实体经济的环境，债务的可持续性与长期经济增长的可持续性高度相关。

根据以上分析，我们分别选取了三大类八个指标对一国的政治风险进行衡量。其中政府治理能力包括军事干预政治、民主问责、政府有效性三个子指标，法律法规完善度包括法制和腐败两个子指标，内外部环境稳定状况包括政府稳定性、内部冲突和外部冲突三个子指标，各个指标的具体含义如表5-3所示。

表5-3　　非洲国家债务风险评估依据的政治稳定指标

政治稳定指标	指标说明	数据来源
1. 政府稳定性	政府执行所宣布政策的能力以及保持政权的能力，0—12分，分数越高，政府越稳定	ICRG
2. 军事干预政治	军队部门对一国政府的参与程度，0—6分，分数越低，军事干预政治越严重	ICRG
3. 腐败	政治体系的腐败程度，0—6分，分数越低，越腐败	ICRG
4. 民主问责	政府对民众诉求的回应，0—6分，分数越低，民主问责越弱	ICRG
5. 政府有效性	公共服务的质量、行政部门的质量及其独立于政治压力程度、政策形成和执行质量，-2.5—2.5，分数越高，政府有效性越强	WGI
6. 法制	履约质量，产权保护，-2.5—2.5，分数越高，法制程度越高	WGI
7. 内部冲突	国内政治暴动以及其对执政政府的影响带来的风险，包括是否存在反政府军队以及执政政府是否对公民随意施以暴力行为等，0—12分，分数越低，内部冲突越严重	ICRG

续表

政治稳定指标	指标说明	数据来源
8. 外部冲突	来自国外的行为对执政政府带来的风险，国外的行为包括非暴力的外部压力，如外交压力、中止援助、贸易限制、领土纠纷、制裁等，也包括暴力的外部压力，如跨境冲突、战争，0—12分，分数越低，外部冲突越严重	ICRG

注：DPI 为世界银行的 Database of Political Institutions，ICRG 为 PRS 集团的 International Country Risk Guide，WGI 为世界银行的 Worldwide Governance Indicators。

资料来源：世界银行、ICRG 数据库。

（二）评级方法

本报告在选取影响债务风险的各项指标并获得原始数据后，先对各项指标的数据进行标准化处理。对定量指标，如经济基础和偿债能力，直接采取标准化的处理方法；对定性指标，如政治稳定，则运用其他机构的量化或打分结果进行标准化。

本报告在对非洲国家债务风险进行评估时，主要采用 0—1 标准化方法，也叫离差标准化，将原始数据进行线性变换，使转换后的结果落到 [0，1] 区间内。数据转换后，所得的分数越高，表示其风险越低，转换函数如下：

$$x^* = 1 - \left| \frac{x - x_{\text{适宜值}}}{max - min} \right|$$

其中，x^* 为将 x 进行标准化后的值，x 适宜值为对应风险最低的指标值，max 为样本数据的最大值，min 为样本数据的最小值。

对定量指标进行标准化并转化为评估国家债务风险的分值的关键在于找到适宜值 x 的适宜值。在样本范围内，数值与适宜值越近，得分越高。

找寻样本中 x 的适宜值的方法有两种：一种是设定绝对适宜值，也就是适宜值的大小与样本国家的选择无关。例如，本报告将 CPI 指标的适宜值设定为 2%,失业率的适宜值设定为 5%。第二种是在样本中找到相对适宜值。例如,本报告将 GDP 的适宜值设定为该样本中 GDP 的最大值,将 GDP 增速的波动性的适宜值设定为该样本中 GDP 增速的波动的最小值。

在对数据进行标准化处理的过程中,本报告遵循四大原则:第一,标准化必须合乎逻辑;第二,标准化必须要考虑异常值的处理;第三,标准化必须客观,尽量减少主观判断;第四,标准化后的得分需具有区分度。

本报告在对经济基础、偿债能力和政治稳定这三大指标下各细项指标分别标准化处理后,通过加权平均的方法得到这三大风险要素各自的得分,区间为 0—1。分数越高表示风险越低。然后,本报告对这三大要素再加权平均,得到最终的评估结果,再根据评估结果对非洲各个国家的债务风险状况进行排序。

表 5-4　　　　　　　　国家风险评级指标权重

指标	权重
经济基础	1/3
偿债能力	1/3
政治稳定	1/3

资料来源:笔者自制。

(三) 评级样本

主要基于数据可获得性,本报告选取了非洲 24 个国家进行了债务风险评估。这 24 个国家分别是:阿尔及利亚、博茨瓦纳、布基纳法索、喀麦隆、科特迪瓦、埃及、埃塞俄比亚、加纳、几内亚、肯尼亚、利比里亚、马达加斯加、马拉维、摩洛哥、莫桑比克、尼日尔、尼日利亚、塞拉利昂、南非、斯威士兰、坦桑尼亚、突尼斯、乌干达、赞比亚。

表 5-5　　　　　　　　　　非洲国家风险评级样本

国家	公共债务/GDP		
	2014 年	2015 年	2016 年
阿尔及利亚	7.684	8.811	20.356
博茨瓦纳	17.35	15.858	13.886
布基纳法索	30.618	32.521	32.471
喀麦隆	26.184	27.122	32.823
科特迪瓦	44.79	47.819	48.772
埃及	85.127	88.458	97.069
埃塞俄比亚	46.302	54.553	54.862
加纳	70.157	71.5	72.42
几内亚	46.135	54.714	55.991
肯尼亚	48.603	52.422	54.396
利比里亚	33.247	39.512	44.799
马达加斯加	34.651	35.533	42.256
马拉维	54.963	61.066	62.075
摩洛哥	63.454	64.059	64.693
莫桑比克	62.371	88.063	115.2
尼日尔	31.918	41.303	45.941
尼日利亚	10.605	12.112	18.621
塞拉利昂	34.964	42.37	53.408
南非	46.895	49.778	50.467
斯威士兰	14.279	18.578	27.495
坦桑尼亚	33.795	36.944	39.005
突尼斯	51.561	57.188	60.641
乌干达	30.11	33.21	36.872
赞比亚	33.329	57.484	53.109

资料来源：IMF、WEO 数据库。

(四) 评级结果

1. 分项指标分析

（1）经济基础

为观察非洲国家经济基础情况的变动，我们选取了9个具有代表性的宏观经济指标对24个非洲国家进行评估，评估结果如表5-6所示。

从2016年的排名来看，在24个国家中，经济基础最好的国家分别为博茨瓦纳、几内亚、乌干达、阿尔及利亚以及摩洛哥。作为最不发达的国家，几内亚位居前茅主要因为较高的贸易和投资开放度，而乌干达则得益于较低的通胀率和失业率。排名靠后的五个国家分别为加纳、尼日尔、斯威士兰、马拉维和塞拉利昂。作为非洲经济发展程度较高的国家，加纳排名靠后主要是因为近年来较高的通胀率和较低的资本账户开放程度，而斯威士兰则因为较小的经济规模和近年来较高的通胀率。

表5-6　　　　　　　非洲国家经济基础排名

国家	2014年排名	2015年排名	2016年排名
博茨瓦纳	1	1	1
几内亚	20	19	2
乌干达	6	8	3
阿尔及利亚	4	7	4
摩洛哥	9	5	5
科特迪瓦	19	16	6
肯尼亚	12	11	7
赞比亚	5	3	8
莫桑比克	2	9	9
利比里亚	7	2	10

续表

国家	2014年排名	2015年排名	2016年排名
马达加斯加	17	14	11
埃及	18	10	12
南非	8	6	13
突尼斯	13	12	14
布基纳法索	15	15	15
埃塞俄比亚	10	18	16
坦桑尼亚	14	17	17
喀麦隆	11	13	18
尼日利亚	3	4	19
加纳	23	22	20
尼日尔	16	20	21
斯威士兰	22	21	22
马拉维	21	23	23
塞拉利昂	24	24	24

资料来源：作者计算。

从排名变化来看，博茨瓦纳、布基纳法索、塞拉利昂和突尼斯在三年中表现最为稳定。其中，博茨瓦纳的经济基础评分连续3年位居第1位，而塞拉利昂则连续3年位居第24位。博茨瓦纳是非洲经济发展较快，经济状况较好的国家之一。多年来，博茨瓦纳一直保持着较快的经济增长速度，2016年人均GDP达6954美元，在24个国家中位居首位。同时，该国的经济开放程度也比较高，贸易开放度、资本开放度和资本开放度等指标都在24个国家中名列前茅。塞拉利昂是世界上最不发达的国家之一，人类发展指数连续多年位居世界末几位，2016年人均GDP仅为480美元。近年来，该国经济发展缓慢，失业率和通胀率高企，经济开放程度也处在较低水平。

在24个国家中，经济基础排名上升较快的国家为科特迪瓦和几内亚，分别从第19位上升到第6位以及从第20位上到第2位。近年来，随着国内局势的逐渐稳定，科特迪瓦和几内亚的经济得到了较快的恢复和发展，各项经济指标都有较大幅度的提升。尼日利亚的排名下降较快，从第3位下降到第19位。尼日利亚是非洲最大的产油国，近年来已经超过南非成为非洲第一大经济体，但自2014年国际原油价格下降以来，尼日利亚经济弊病暴露，经济发展面临困境。

（2）偿债能力

在偿债能力方面，我们用七个指标来衡量非洲国家的偿债能力。在非洲24个国家2016年偿债能力排名中，位列前10位的国家中，布基纳法索、坦桑尼亚、乌干达、埃塞俄比亚、尼日尔和马达加斯加都是世界上最不发达国家，这些国家偿债能力排名靠前的原因主要是由于其债务占GDP的比重较小。这些国家基础设施落后，拥有丰富的自然资源，国民经济以农业为主，工业基础非常薄弱。因为本身经济极度不发达，导致举债能力极弱，无法从国民内部筹集大量资金，国际资本也不愿对这些国家进行投资，导致这些国家能够获得的债务本身较少，因而其债务违约风险自然较低。

2016年偿债能力排名第二的尼日利亚是非洲第一大经济体，本身经济总量相对较大，2014年和2015年其偿债能力在24个国家中位居第1位，2016年排名下降一位，位居第二。博茨瓦纳2015年的偿债能力排名波动较大，主要是其2015年财政赤字较高，且总储蓄占GDP的比重下滑所致，2016年排名又回归正常。科特迪瓦2014年到2015年排名上升，主要源于其贸易条件的改善。喀麦隆2014年和2015年的偿债能力排名都较为靠前，但2016年却出现了大幅下滑，2016年喀麦隆的公共债务占GDP的比重上升，且财政赤字进一步扩大，贸易条件也出现恶化。

在24个样本国家中，偿债能力排名逐年上升的国家有几内亚和肯尼亚，其中几内亚的偿债能力排名从2014年的第15位上升至2016年的第11位，肯尼亚的偿债能力排名则从2014年的第17位上升至2016年的第15位。在这些国家中，斯威士兰、赞比亚和阿尔及利亚的偿债能力排名则出现了严重下滑，阿尔及利亚从2014年的第11位下降至2016年的第20位，斯威士兰和赞比亚三年期间偿债能力排名分别下降了六位和五位。其他国家的偿债能力排名均有小幅度波动，变化不大。埃及、突尼斯和莫桑比克连续3年在偿债能力排名中处于末尾位置。

表5-7　　　　　　　　　　非洲国家偿债能力排名

国家	2014年排名	2015年排名	2016排名
布基纳法索	3	2	1
尼日利亚	1	1	2
博茨瓦纳	2	8	3
坦桑尼亚	10	6	4
乌干达	6	7	5
科特迪瓦	12	5	6
埃塞俄比亚	8	9	7
尼日尔	9	10	8
马达加斯加	13	11	9
喀麦隆	5	4	10
几内亚	15	16	11
斯威士兰	4	3	12
赞比亚	7	12	13
马拉维	16	13	14
肯尼亚	17	15	15
摩洛哥	19	14	16
塞拉利昂	14	18	17
南非	20	21	18
加纳	22	17	19

续表

国家	2014年排名	2015年排名	2016排名
阿尔及利亚	11	20	20
利比里亚	21	23	21
埃及	18	19	22
突尼斯	23	22	23
莫桑比克	24	24	24

资料来源：笔者计算。

（3）政治稳定

我们选取了两大类8个指标对24个非洲国家的政治稳定状况进行评估，具体评估结果如表5-8所示。

从表5-8中可以看到，在2014—2016年三年中，排名前10位的国家相对稳定。斯威士兰连续三年位列24个国家的首位，各项指标整体表现良好，但由于斯威士兰是迄今少数仍实行绝对君权制的国家，禁止政党活动，因此政府有效性指标表现相对较差。南非是非洲第二大经济体，民主制度和法律法规体系相对比较完善，三年里排名一直保持在第3位。但南非腐败问题严重，2014年前总统雅各布·祖玛也被牵扯入腐败丑闻当中。事实上，除了斯威士兰和博茨瓦纳之外，其余非洲22个国家的腐败程度均比较严重。

表5-8　　　　　　　非洲国家政治稳定排名

国家	2014年排名	2015年排名	2016年排名
斯威士兰	1	1	1
博茨瓦纳	2	2	2
南非	3	3	3
加纳	4	4	4
赞比亚	6	5	5

续表

国家	2014年排名	2015年排名	2016年排名
摩洛哥	8	7	6
肯尼亚	7	9	7
突尼斯	9	8	8
坦桑尼亚	10	10	9
塞拉利昂	11	11	10
莫桑比克	5	6	11
布基纳法索	18	19	12
马达加斯加	14	16	13
利比里亚	12	12	14
阿尔及利亚	15	14	15
科特迪瓦	17	13	16
马拉维	13	15	17
尼日尔	19	17	18
埃及	21	22	19
喀麦隆	16	20	20
乌干达	22	18	21
埃塞俄比亚	20	23	22
尼日利亚	23	21	23
几内亚	24	24	24

资料来源：笔者计算。

政治稳定情况变动比较大的有莫桑比克、布基纳法索和喀麦隆。莫桑比克在2016年爆发了暴力武装冲突，且来自国际货币基金组织的国际援助被中止，出现了债务危机，这使得该国的政府稳定性、内部冲突和外部冲突等多个指标大幅下滑，在24个国家中由2014年的第5位迅速跌至第11位，政治风险大幅提升。相反地，布基纳法索在2016年的相对排名大幅提升，相比前一年提升了七个名次，这主要源于其政治稳定性和民主问责指标的迅速提升。2014年，布基纳法索爆发了反对已任总统27年的孔波雷意图修宪延长任期的大规模示威，其间多次发生警民冲突、工人罢工等，之后军方宣布夺取政权，发生政变。此后动乱一直持续到2016年，当地政局逐渐趋于平稳，稳定性显著增强。喀麦隆由2014年的第16位下降到2016年的第20位，一大原因是由于该国英语区不满被中央政府逐渐边缘化而出现的非暴力抗议运动。同时需要注意到，喀麦隆的民主问责指标的得分在2014—2016年均排在24个国家的最末位，这说明喀麦隆政府对民众的诉求解决严重不到位。埃及则是自2011年以来，国内冲突不断，军方持续对政局进行干预，导致埃及三年来政治动荡，表现较差；但是进入2018年之后，埃及局势趋于稳定，较大幅度的经济体制改革让埃及慢慢回到发展正轨，前景展望向好。

埃塞俄比亚、尼日利亚和几内亚三国在三年中的总排名稳居末几位。埃塞俄比亚在除军事稳定性和有效性及法制之外的其他指标表现均比较差。一方面从2015年开始，埃塞俄比亚国内矛盾日益凸显，奥罗米亚州和索马里州交界地区爆发多次种族冲突，2016年因为征地拆迁等问题爆发了大规模民众示威，政府宣布进入紧急状态，直至2017年8月紧急状态方结束。另一方面，埃塞俄比亚长期以来与索马里和厄立特里亚边界冲突不断，2016年与厄立特里亚更是发生了激烈的边境冲突，同时面临的内外部冲突使得埃塞俄比亚政局动荡。几内亚在8个子指标中均表现不佳，尤其是军事干预政治、民主问责和腐败3个指标均位列24个国家末位。事实上，几内亚政府治理能力很弱，权力寻租和腐败现象大大削弱了政府部门的效率。除以上国家外，其余国家的排名均在小范围内波动，保持了相对稳定。

2. 总体结果分析

本报告通过对经济基础、偿债能力和政治稳定这三大指标的得分进行加权平均，得到样本国家债务风险评估的最终分数，再根据最终分数进行排序，得到样本国家2014—2016年三年的债务风险排名。

在2016年非洲国家债务风险评估排名前10位的国家中，博茨瓦纳、斯威士兰和肯尼亚的排名三年保持不变。博茨瓦纳和斯威士兰连续3年在债务风险评估的排名中分别位居第1位和第2位。

博兹瓦纳位于非洲南部内陆，是经济发展较快，经济状况较好的非洲国家之一，拥有丰富的矿产资源，主要矿藏为钻石，其次为铜、镍、煤、苏打灰、铂、金、锰等，以钻石业、养牛业和新兴制造业为支柱产业。博兹瓦纳在经济基础、偿债能力、政治稳定三方面的排名都较为靠前，在2016年三项指标的分项排名中分别位居第1位、第3位和第2位。博兹瓦纳实行多党议会制，独立后民主党由于其自身优势得以多年连续执政，国内政局保持了长期稳定，为其经济发展打下了良好基础。良好的经济基础，稳定的政治环境，加上外债负债率较低，使得博兹瓦纳在非洲国家债务风险评估中常年保持第1位。

表5-9　　　　　非洲国家债务风险总体评估结果

国家	2014年排名	2015年排名	2016年排名
博茨瓦纳	1	1	1
斯威士兰	2	2	2
布基纳法索	13	12	3
坦桑尼亚	7	6	4
赞比亚	3	3	5
南非	5	4	6
摩洛哥	12	7	7
马达加斯加	11	14	8
科特迪瓦	19	8	9

续表

国家	2014年排名	2015年排名	2016年排名
肯尼亚	10	10	10
乌干达	14	9	11
加纳	15	11	12
尼日利亚	4	5	13
埃塞俄比亚	16	20	14
几内亚	24	24	15
尼日尔	17	16	16
突尼斯	21	15	17
喀麦隆	9	13	18
阿尔及利亚	6	17	19
利比里亚	20	18	20
塞拉利昂	18	23	21
马拉维	22	21	22
莫桑比克	8	19	23
埃及	23	22	24

资料来源：笔者计算。

斯威士兰的经济基础和偿债能力排名一般，能在总排名中位居第2位主要得益于其政局稳定，政治稳定排名在样本国家中一直稳居第1位。斯威士兰是中等偏下收入国家，经济严重依赖邻国南非，自身的回旋余地小，出口商品单一，发展不均衡，社会贫富悬殊。另外，由于外债负债率连年提高，也使得斯威士兰的偿债能力排名逐年下降。在政治方面，斯威士兰是目前世界上少数几个仍实行君主专制的国家之一，也是现代非洲唯一实行君主专制的国家。斯威士兰国王拥有实权，国家内部禁止政党活动，这是斯威士兰政治较为稳定的原因之一。

肯尼亚也是三年来排名稳定不变的国家之一，该国位于非洲东部，经济基础较好，实行以私营经济为主、多种经济形式并存的"混合经济"体制。肯尼亚的经济基础和偿债能力排名连年上升，其中经济基础排名上升幅度较大，从2014年的第12位上升至2016年的第7位；政治稳定的排名基本保持不变。肯尼亚经济基础排名上升主要由于肯尼亚政府推出的经济振兴计划，当地政府积极推进工业化和经济转型，良好的政治经济基础和区位优势，使肯尼亚吸引了大批国外投资。

在2016年排名前10位的国家中，布基纳法索、摩洛哥、马达加斯加和科特迪瓦在三年里的排名都发生了显著变化。布基纳法索的排名从2014年的第13位上升至2016年的第3位；摩洛哥的排名从2014年的第12位上升至2015年的第7位，2016年的排名保持不变；马达加斯加的排名变化幅度较大，先从2014年的第11位下降至2015年的第14位，2016年又上升至第8位；科特迪瓦的排名上升幅度较大，从2014年的第19位上升至2016年的第9位。

布基纳法索排名的大幅提升，主要是由于2016年的偿债能力和政治稳定表现较好。布基纳法索是世界最不发达国家之一，经济基础较差，且其地处沙漠边缘，可耕地面积少，资源匮乏。布基纳法索偿债能力的提高主要源于其经常账户余额的改善和总储蓄的增加。2014年布基纳法索发生政变，导致其政局发生动荡，到2016年才逐渐平稳，政局稳定性显著增强。摩洛哥位于非洲西北端，经济基础较好，2009年以来，摩洛哥政府致力于扩大内需，加强基础设施建设，在支持传统产业的基础上大力发展新兴产业。从2014年到2016年，摩洛哥的各项指标排名都在稳步提升。马达加斯加是世界最不发达国家之一，国民经济以农业为主，工业基础非常薄弱。马达加斯加2015年排名出现波动的主要原因是其政局发生波动。科特迪瓦排名迅速上升主要得益于其经济基础排名的上升。科特迪瓦曾于2002年发生内战，一直持续至2007年，连续多年的政治动荡使科特迪瓦经济急剧恶化。2011年科特迪瓦大选结束之后，其政局才趋于稳定，新政府积极进行经济建设，改善投资环境，争取外援和外国直接投资，使国民经济实现了较快的增长。

在样本国家排名前10位的国家中，坦桑尼亚、赞比亚和南非在三年里的排名有小幅度变动，总体基本保持稳定。坦桑尼亚在三年内的排名稳定上升，从2014年的第7位上升到2016年的第4位。坦桑尼亚位于非洲东部，经济以农业为主，工业生产技术能力较差，经济基础薄弱，是世界最不发达国家之一。坦桑尼亚排名稳定上升是其经济基础、偿债能力和政治稳定三方面因素综合作用的结果。在政治稳定方面，坦桑尼亚的排名基本保持不变，但是在经济基础和偿债能力方面，坦桑尼亚的排名出现波动，其中经济基础排名从2015年开始出现小幅度下滑，2016年也未恢复，偿债能力方面的排名在三年期间则出现了大幅上升，从2014年的第10位上升到2016年的第4位。赞比亚在2014年和2015年的排名保持稳定，但在2016年出现了小幅度下滑，从2015年的第3位下降到2016年的第5位。赞比亚位于非洲中南部，是撒哈拉以南地区城市化程度较高的国家，相比周围各国，赞比亚有良好的基础设施，2014年赞比亚由不发达国家转变为发展中国家。赞比亚拥有丰富的矿产资源，铜矿较丰富，矿业是支柱产业，在国民经济中居于重要地位。从2014年到2016年，赞比亚的经济基础排名和偿债能力排名都出现了小幅度下降，政治稳定排名则有小幅度上升，总体表现较好。南非的排名在三年里出现了先上升后下降的小幅波动，排名先从2014年的第5位上升至2015年的第4位，又在2016年跌落到第6位。南非是非洲的第二大经济体，国民生活水平在非洲居于前列，工业体系较为完善，深井采矿技术在世界居于领先地位。南非属于中等收入的发展中国家，拥有丰富的自然资源，矿业是南非经济的支柱产业。南非拥有较为完善的政治和法律体系，政局较为稳定，连续三年位居第3位。南非的偿债能力排名在2016年有小幅上升，但是其经济基础在2016年却出现了大幅下降，从 2015 年的第 6 位下降至 2016 年的第 13 位，南非债务风险排名在 2016 年出现下降的主要原因是其经济状况的下滑；当前，南非正在修宪并将实施土地改革政策，为未来的发展增添了较大的不确定性。

在其他国家中，尼日利亚、喀麦隆、阿尔及利亚和莫桑比克的排名在三年里出现了大幅下降。尼日利亚的排名从 2014 年的第 4 位下降至 2016 年的第 13 位；喀麦隆的排名从 2014 年的第 9 位下降至 2016 年的第 18 位；阿尔及利亚的排名从 2014 年的第 6 位下降至 2016 年的第 19 位；莫桑比克的排名从 2014 年的第 8 位下降至 2016 年的第 23 位，是排名下降幅度最大的国家。

尼日利亚三年期间偿债能力和政治稳定排名变化不大，但是经济基础排名却急剧下滑，而经济状况的恶化也使尼日利亚的排名在 2016 年出现了急剧下降。尼日利亚是非洲能源资源大国，同时也是非洲第一大石油生产和出口大国，经济对石油工业严重依赖，因此 2014 年国际油价下跌使尼日利亚的经济遭受了严重打击，国内生产总值出现大幅下滑。喀麦隆在经济基础、偿债能力和政治稳定三方面的指标都出现了严重下滑。喀麦隆以农业和畜牧业为主，具有一定的工业基础，国民经济发展较快，但是从 2015 年开始，喀麦隆的政局就出现了波动，受政局和国际环境的影响，喀麦隆经济也开始下滑。阿尔及利亚的经济基础和政治稳定排名变化不大，但是偿债能力从 2015 年开始出现严重下降。阿尔及利亚的经济状况较好，拥有丰富的自然资源，天然气储量居全世界第 5 位，是全世界第二大天然气出口国。石油与天然气产业是阿尔及利亚的支柱产业，但是从 2014 年开始受国际经济环境影响，阿尔及利亚的财政赤字扩大，经常账户和贸易条件也急剧恶化，外债增加，储蓄下降。莫桑比克是排名下降幅度最大的国家，其经济基础和政治稳定都出现了不同程度的下降，而其偿债能力连年排名末位。莫桑比克是联合国宣布的世界最不发达国家和重债穷国，从2015年开始，莫桑比克的各项经济基础指标都出现了不同程度的下降，偿债能力始终排名末尾。

几内亚的排名在2016年出现了大幅上升，从第24位上升至第15位。几内亚的偿债能力和政治稳定排名变化不大，2016年排名大幅上升主要由于其经济基础的改善。几内亚是联合国公布的最不发达国家之一，经济以农业、矿业为主，工业基础薄弱，粮食不能自给。几内亚新政府上台后大力发展经济，加强基础设施建设，推进财税金融改革，加强对资源开发的管理与控制。几内亚政府鼓励外资矿业公司开采当地铝土矿资源，并要求其必须在当地投资建厂，这些措施的实施使其2016年的投资出现大幅上升。

乌干达、加纳、埃塞俄比亚、尼日尔和突尼斯的排名在三年里都出现了小幅波动。其中，尼日尔的排名缓慢上升，从2014年的第17位上升至2016年的第16位，其他几个国家的排名都有反复波动。

利比里亚、塞拉利昂、马拉维、莫桑比克和埃及是2016年排名后5位的国家。其中，利比里亚、塞拉利昂、马拉维和埃及的排名在三年里都处于末尾，莫桑比克的排名则从2014年的排名前10位下降至2016年的排名后5位。利比里亚、塞拉利昂和马拉维都是世界最不发达国家。利比里亚的工业经济极不发达。虽然近年来利比里亚政府出台了多项优惠政策，利用资源优势大力吸引外资，使其经济状况得到了相对改善，但是偿债能力仍明显落后于其他国家。塞拉利昂矿产资源丰富，经济增长主要依赖矿业，基础设施缺失，除矿业外的其他产业相对落后，近年来国际大宗商品市场的不景气影响了塞拉利昂经济的发展。马拉维经济以农业为主，烟草是其最重要的经济作物，也是马拉维第一大外汇来源，其经济发展严重依赖国际援助，落后的经济状况是多年来排名末尾的主要原因。埃及是中东人口最多的国家和非洲人口第二大国，也是非洲大陆第三大经济体，在经济、科技领域方面长期处于非洲领先态势，拥有相对完整的工业、农业和服务业体系。埃及排名末尾的主要原因是其偿债能力和政治稳定的表现较差。埃及的外债负债率在非洲国家中是较高的，其储蓄又较低，且自2011年以来，埃及国内政局不断动荡，政局波动对埃及的偿债能力产生了重要影响；但本排名是2014—2016年排名，2017年到2018年埃及国内政治局势发生了明显的向好趋势，债务风险显著降低。

六　发展中国家债务风险应对的国际经验

（一）20世纪70年代拉丁美洲国家债务危机

20世纪70年代拉丁美洲国家爆发的债务危机是世界范围内非常具有代表性的发展中国家债务危机；这次债务危机给拉美国家带来的影响一直延伸至21世纪。

此次拉美国家债务危机是内外因素共同作用的结果。从内部因素来看，第二次世界大战之后，很多拉美国家制定了庞大的经济发展计划，设立了较高的经济发展目标，并多数都寄希望于通过高投资来拉动经济的高速增长，其中基础设施建设是最重要的投资领域。典型的如巴西，巴西政府制定了总投资达3000多亿美元的一揽子发展计划，涉及的行业包括矿业、运输业、钢铁业、能源业和通信业等多个行业，有多个大型基础设施项目上马。庞大的投资计划，尤其是长期实行的大规模基础设施建设项目使拉美国家纷纷出现巨额财政赤字，而拉美国家受经济发展阶段和财政收入的限制，只能通过大量举借外债来应对。

从外部因素来看，主要有三方面因素：一是布雷顿森林体系的崩溃，很多国家开始采取浮动汇率政策，导致全球原材料价格上涨，多个国家出现了输入型通货膨胀；西方国家开始采取紧缩性财政政策来抑制通胀，但效果不佳，反而出现严重的滞涨；西方国家经济发展的停滞导致融资需求快速缩减，全球资金供给过剩。拉美国家庞大的经济发展计划亟须资金支持，国际资本开始借机大量流入到拉美国家。以墨西哥、巴西、委内瑞拉等为代表的拉美国家，一直认为本国丰富的资源决定其具有较强的出口创汇能力，庞大的经济计划能够拉动经济快速发展，完全可以大量举借外债，未来具有足够的偿还能力。20世纪70年代中期，美元的贬值及较低的国际银行贷款利率更坚定了拉美国家对自身能力的乐观判断。拉美国家大量举借外债，在短时间内的确弥补了国内发展资金不足的问题，支撑了部分项目建设，实现了经济的增长，但短期内外债的快速增长所带来的潜在债务危机并未引起各国的足够重视。二是20世纪70年代西方发达国家经济发展滞涨，导致全球性需求不足，农业产品、能源矿业产品等原材料价格下跌；当时多数拉美国家经济结构单一，经济依赖单一产业，出口商品主要由农矿产品等少数几种初级产品构成，这导致拉美国家出口量锐减，外汇收入大幅下降，国际收支状况迅速恶化，只能大量举借外债予以应对。1970年至1982年，委内瑞拉的外债增加了47倍多，巴西、墨西哥、阿根廷、智利、哥伦比亚、秘鲁、委内瑞拉7个国家的外债平均增加了22倍多。三是面对严重的滞涨，美国开始大幅度提高美元利率，以应对通胀，1979—1980年，美元拆借利率从11.2%上升到20%，基准利率提高至21.5%，这就推动了部分资金开始回流美国，美元指数从1980年7月的84.75点升至1981年8月的112点，美元的强势表现又加重了拉美国家的债务偿还压力[①]。

在内外因素的夹击下，拉美国家债务危机终于20世纪70年代末到80年代初爆发。1980年，秘鲁的外债负债率为47.6%，

---

① 数据来源：美联储数据库。

智利为45.5%，委内瑞拉为42.1%，都超过了国际警戒线；巴西的外债负债率为31.2%，哥伦比亚为20.9%，也都面临明显的债务压力[①]。此时，拉美国家的外债来源结构也出现了明显的变化。20世纪70年代前期，大部分外债由贷款利率低、偿还期限长的多边或双边政府优惠贷款构成；到了70年代后期，由于西方国家本身面临严重的滞涨，纷纷削减了政府优惠贷款，拉美国家只能通过大量向国际金融机构借款，应对资金不足，而金融机构的贷款相对的利率高、偿还期短。1982年8月，墨西哥宣布外汇储备耗尽，无力偿还债务。随后，巴西、秘鲁等国相继宣布延期偿还外债，拉美各国陷入了严重的债务危机。与高负债率相伴而生的是拉美国家的高通胀率；为满足庞大的经济建设规划，很多拉美国家通过大量增发货币获取资金，如墨西哥的M2增长率在危机期间高达100%；在拉美债务危机爆发期间，拉美国家的平均通胀率高达82%。

面对严重的债务危机，拉美国家采取了多种方式予以应对，国际社会也实施救助。拉美国家采取的主要措施包括以下几类。第一类是多数国家政策采取了紧缩财政支出，增加税收的方式。比如在1983年，墨西哥、巴西和委内瑞拉三国的公共投资分别减少了20%、20%和10%；同时在所得税、消费税、进口关税的原有税基基础上加征额外费用，但实际上税收增加幅度有限，对解决债务危机的作用不大。

第二类是实施鼓励出口，减少进口的政策。部分国家设立了出口资助基金，减少出口控制，并采取税收优惠等措施鼓励出口；为配合出口政策，还开始调整汇率。比如，1982年墨西哥比索贬值三次，开放外汇自由兑换市场；委内瑞拉将固定汇率改为包括自由浮动汇率等的三重汇率；阿根廷、智利也将本国货币大幅度贬值；巴西从1980年开始采取货币大幅度贬值措

---

① 数据来源：Wind数据库。

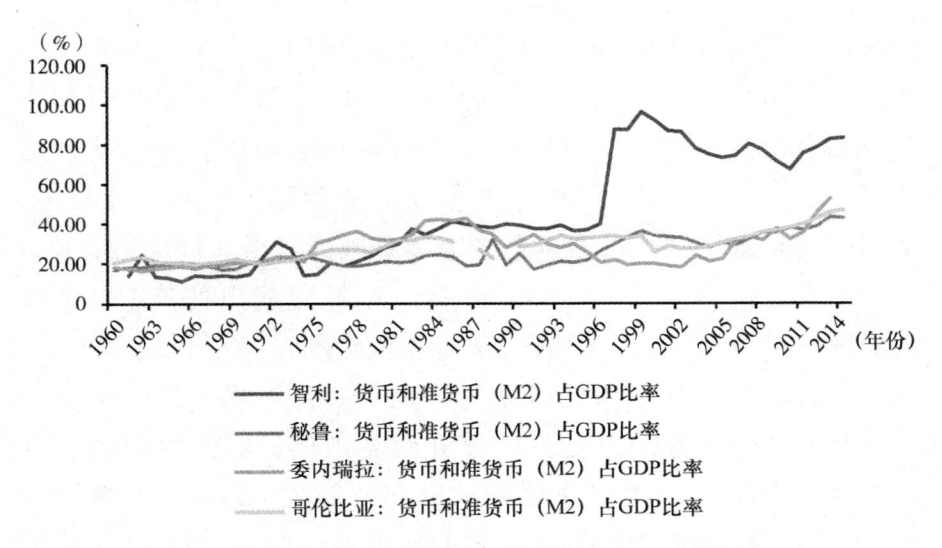

图 6–1　1960—2014 年部分拉美国家 M2 占 GDP 比率
资料来源：Wind 数据库。

施，1983 年又贬值 30%。同时，各国还大力号召减少进口，采取国内替代的手段弥补减少的进口产品。这一手段取得了一定的效果，1985 年巴西对瑞士、英国和葡萄牙的出口额分别增长了 34%、40% 和 21%。1983 年拉美国家贸易顺差达到 312 亿美元；1982 年拉美国家进口量较危机前减少了 20%。委内瑞拉、乌拉圭和墨西哥减少的尤其多，分别减少了 60%、39% 和 36%①。

　　第三类是实施国有企业私有化改造。国有企业在拉美国家经济发展中一度扮演着非常重要的角色，在经济结构中占相当大的比重，例如巴西、墨西哥、玻利维亚、智利等国的国有企业比例曾高达 50% 以上，甚至达到 70%。但拉美国家的国有企业难以摆脱其固有的产权制度问题和效率问题，到 20 世纪 70 年代，国有企业开始成为拉美国家经济发展的重大负担；例如，1982 年墨西哥国有企业亏损 3300 亿比索，约占国民生产总值的

---

① 数据来源：UNCTADstat。

10%。为解决债务危机，拉美国家必须开始国有企业改革，以转变经济结构，提升企业竞争力。多个拉美国家开始执行国有企业私有化改革进程，主要手段包括国有企业或直接出售，或公开上市，或由管理人员和雇员购买，或由国家与私人合资等。例如，智利将煤气、石油、自来水等基础部门企业全部私有化。

第四类是争取国际社会的支持。拉美国家积极奔走，争取到期外债的展期。由于拉美国家债务危机的影响已经逐步扩大，不仅威胁着国际货币金融体系的稳定，而且影响了发达国家的经济发展，使西方国家丧失了部分商品市场，因此国际社会开始重视这一问题，并施加救助。墨西哥政府将1983年到期的200亿美元外债转换成1990年到期的中长期债务，将1984年到期的489亿美元外债延期至1998年。

西方发达国家和国际金融机构先后实施了一系列的救援政策，比较重要的包括美国主导实施的"贝克计划"和"布雷迪计划"。美国之所以积极采取措施解决拉美国家债务危机，最重要的原因是美国银行是拉美国家最主要的债权人，拉美国家3600亿美元的债务中有2300亿美元来自美国商业银行；同时，美国在逐步失去拉美这个重要的商品市场，对美国经济已经造成了实质性的影响，未来的负面影响还将进一步扩大。1985年10月，美国提出了"贝克计划"，主要内容是：多边开发银行在3年内向重债务国提供约90亿美元的新贷款；私人银行3年内建立200亿美元的信贷基金来资助重债务国；债权国和债务国积极沟通，以防止债务国组成抗债集团；债务国实行紧缩政策，降低通胀，鼓励和吸引外资，减少国家干预。但"贝克计划"提出的援助款项有限，相对于拉美国家的巨额债务是杯水车薪，且事实上也并未到位；该计划主要体现的是债权国的利益，提供新贷款必须以债务国调整经济结构为条件。"贝克计划"未取得预期效果，美国又于1989年3月提出了"布雷迪计划"，主要内容是：国际货币基金组织和世界银行在促进债务国实行经济改革上要继续发挥核心作用；商业银行要同债务国合作，既要提供新贷款，也要在自愿的基础上减免债务的本金与利息；债权银行要在三年内中止原贷款协议中规定的限制减债条款，而债权国政府也要在管制条例、会计和税收等方面为银行减免债务提供便利。该计划的核心是把解决外债问题的重点放在债务本息的减免上，而不是借新债还旧债，取得了一定效果，墨西哥、哥斯达黎加、委内瑞拉和阿根廷等拉美国家先后加入了"布雷迪计划"，与债权银行达成了减债协议。1989年7月，墨西哥率先同国际债权银行达成减债协议，涉及墨西哥欠私人商业银行485亿美元的中长期公共外债，约占外债总额的一半。1989年11月，哥斯达黎加达成减债协议，通过在二级市场上以16%的折扣购回债券和降低利率两种方案，减免了25%的外债和25%的外债利息。委内瑞拉于1990年3月达成减债协议，通过削减本金、降低利率、在二级市场打折购回债券、债权银行提供部分新贷款等方案减少了20%的外债和9%的利息。1992年11月，阿根廷达成减债协议，阿根廷通过发行贴现债券减少了55%的商业债务，并以债券的形式在30年期限内偿还310亿美元的债务利息。但"布雷迪计划"要求债务国实行"结构调整"和体制改革，且该计划只使少数发展中国家得益，大部分国家债务未能减免。从结果来看，"贝克计划"和"布雷迪计划"均未能消除拉美国家债务危机的根本问题，为1994年的墨西哥主权债务危机和2002年阿根廷主权债务危机埋下了伏笔。

    拉美国家债务危机的经历和应对经验，对于当前面临潜在债务风险的非洲国家具有很好的参考价值。当时拉美国家实施的应对措施具有较强的针对性，很多措施在短期内起到了明显的效果，比如增发货币，货币短期大幅贬值，比如寻求外部援助等。但从长期来看，部分措施反而引发拉美国家经济下滑，甚至导致社会动荡，阿根廷、巴西、墨西哥、厄瓜多尔等国相继发生大规模罢工事件，对拉美国家经济层面的影响一直蔓延到 21 世纪。因此，当前非洲国家处理债务风险既要考虑到短期政策效果，同时更要考虑到长期可能带来的影响，不能为解决短期问题，而为经济社会发展留下长期隐患，这是非常宝贵的经验教训。

（二）20 世纪 90 年代中东欧国家的债务危机

20 世纪 80—90 年代，中东欧地区经历了一场严重的债务危机，这场债务危机伴随着 20 世纪 80 年代末到 90 年代初的东欧剧变。中东欧地区是一个地缘政治概念，泛指欧洲大陆地区与原苏联同属社会主义阵营的十余个国家，包括波兰、捷克、斯洛伐克、匈牙利、斯洛文尼亚、克罗地亚、罗马尼亚、保加利亚、塞尔维亚、黑山、马其顿、波黑、阿尔巴尼亚、爱沙尼亚、立陶宛和拉脱维亚。

在 20 世纪 70 年代第一次石油危机期间及其后，中东欧国家由于发展资金的缺乏，开始大量向西方国家和国际组织举借外债；第二次石油危机之后，随着外债的累积，中东欧国家开始出现偿债困难的状况。到 1985 年，多数中东欧国家成为净债务国；1989 年，中东欧 8 个国家的外债增长率高达 10%，远高于发展中国家的平均增长水平；当年东欧国家的平均偿债率，即当年的还本付息额与当年出口创汇收入额之比为 34%，超过了国际偿债率警戒线。据世界银行的标准，如果作为一个整体，东欧国家属中等负债国家。1989 年，中东欧国家的债务总额是年货物出口额的 2 倍，年债务偿付为其年货物出口额的 1/3 以上，甚至到 1/2，波兰的年偿债率为 88%、匈牙利为 45%、保加利亚为 40%。世界银行规定的年偿债率的最高标准为年债务偿付为其年货物出口额 25%，中东欧国家超出了这一标准 50%—100%。从债务和社会产品比例来看，东欧国家也处于债务危机当中，1989年，中东欧国家的债务水平平均占社会产品总额的12%，匈牙利的占比高达104%，波兰的占比达72%，保加利亚的占比达39%，债务和支付负担使得可供支配的社会产品大为减少[①]。

20世纪90年代，中东欧国家开始实施经济转轨。由于各国生产能力和出口能力的不足，贸易赤字开始扩大，国内财力无法支撑调整经济结构、促进经济发展所需的资金，被迫大量举借外债弥补国内发展资金的不足，债务负担进一步加重。到90年代初，中东欧国家来自西方发达国家和国际金融组织的债务已达1000亿美元以上；中东欧不同国家的债务水平有很大不同，负债最高的几个国家是匈牙利、保加利亚和波兰，截至1993年年底，波兰、匈牙利、保加利亚、捷克、罗马尼亚外债总额分别为453亿美元、247亿美元、97亿美元、87亿美元、45亿美元。根据世界银行的标准，波兰、保加利亚、阿尔巴尼亚为高负债国家，匈牙利为中等负债国家，其余国家为低负债国家。同时，中东欧国家国内经济政策也运用不当，对国际资本使用不力，与国际市场波动共同加剧了中东欧国家出口困难，债务危机日益加深。

表6-1   1986—1993年中东欧国家外债状况   （单位：百万美元）

	1986年	1987年	1988年	1989年	1990年	1991年	1992年	1993年
阿尔巴尼亚	—	—	—	75.1	349.3	501.5	624.9	755.1
保加利亚	5866	8256	8934	9273	9817	9991	9957	9746
克罗地亚	—	—	—	—	—	—	—	2968
捷克	4340	5143	5563	6099	6354	7177	6779	8661
匈牙利	16980	19585	19609	20391	21277	22624	21975	24771

---

① 朱晓中：《俄罗斯和中东欧国家的外债问题》，《俄罗斯东欧中亚研究》1997年第4期，第48—56页。

续表

	1986年	1987年	1988年	1989年	1990年	1991年	1992年	1993年
马其顿	—	—	—	—	—	—	—	866
波兰	36642	42603	42103	43096	49366	53603	48695	45306
罗马尼亚	6083	6580	2960	1087	1173	2152	3533	4456
斯洛文尼亚	1228	1515	1718	1816	2009	2675	2556	3330
爱沙尼亚	—	—	—	—	—	—	58.4	154.8
拉脱维亚	—	—	—	—	—	—	60.6	231.0
立陶宛	—	—	—	—	—	—	377	291.3

资料来源：转引自朱晓中《俄罗斯和中东欧国家的外债问题》，《俄罗斯东欧中亚研究》1997年第4期，第48—56页。

为解决债务危机，中东欧国家采取了多类方式，包括：债转股、争取国际社会救助、切断不良债务源头、变现国有资产还债等。第一类方式是债转股，这是指债务国经济增长困难或信贷评级下滑，以本国货币按市场价格的一定折扣赎回外债；之后，债权人以债务国货币投资于该国的公司，将原来的债权转换成股权。20世纪90年代中东欧国家运用债转股的手段既处置了债务危机，也推进了国有企业私有化进程。多个中东欧国家都推行过债转股的计划和实践，如保加利亚、波兰、匈牙利、捷克等国，每个国家的债转股方案都有自己鲜明的特点。

保加利亚于1995年正式实施债转股计划，该计划规定了候选企业的筛选标准，外债债券购买者的所有权凭证，实施债转股、所有权转移的操作程序等。具体内容包括：对参与债转股的外国债权有明确标准，即这些债券必须与商业银行签有协议，以50%的面值转换；政府确定最高转换定额为34亿美元；债权主要以拍卖方式出售，允许国内投资者参与，以现金支付打折；政府通过优先部门、地区的确定，对债转股进行引导，其中出口定位的投资可以追加；对拟转换的债权实行逐案谈判或拍卖的方式出售；对红利和投资的汇出分别设定4年和10年的限制。保加利亚是中东欧地区唯一一个允许通过发行外国债券实行私有化的国家。上述举措在该国减少外债总额，改善外债结构，加快私有化进程等方面起到了明显的积极作用。在波兰、匈牙利、捷克等国，债转股只是作为处置不良资产的一项有限的手段来使用，同时还运用了向银行注入资本金、私有化、强制破产、资产重组等方法，例如在波兰，政府尝试运用财政注资的方法来化解银行呆坏账，但由于不涉及企业和银行的重组，银行动力不足，解决呆坏账的效果不佳。随后，波兰政府将向银行注资与债转股结合使用，在债权银行与企业谈判前，先由国家向债权银行一次性注资，注资金额由审计协商确定；这种一次性注资意图切断银行债转股失败的后路，由于盈亏自负，激励了银行以更积极的姿态参与到企业重组计划中来；债转股后，银行不仅得到了企业控制权，而且享有企业最终剩余资产的处置权。通过债转股等方式，波兰银行成功处置了大量不良资产。

第二类是争取国际社会的救助，主要是减免债务。从处置债务危机的历史经验来看，获取债权人的债务减免是最直接有效的手段。对于债权人而言，如果处于债务危机的国家无法偿还到期债务，这些国家将陷入严重的经济发展困难，没有资金再用于本国经济增长，一方面将形成恶性循环，这些国家偿债能力将越来越弱，另一方面不利于债权国出口商品到债务国，不利于债权国开展国际经济合作；如果债务国进一步陷入严重的经济危机，将从多个角度对地区经济，乃至世界经济产生负面影响。因此，一般而言，债权国也不希望债务国破产，会采取多类措施救助债务国，债务减免就是重要的手段之一。但以西方发达国家和国际金融组织为主体的债权方一般都会给债务减免附加苛刻的前提条件，即按照其要求实行经济结构调整，一方面让债权国能够看到债务国经济复苏，未来有能力偿还债务的可能，另一方面可以更好地将这些债务国纳入到债权国主导的国际经济体系中，从而形成更有利于债权国发展的国际经济环境。

　　例如波兰，1989年波兰外债高达490亿美元，主要的债权方是巴黎俱乐部和伦敦俱乐部。1991年4月和1993年3月，波兰分别同巴黎俱乐部和伦敦俱乐部达成协议，巴黎俱乐部减免了波兰330亿美元债务中的50%，伦敦俱乐部减免了波兰132亿美元债务中的42.5%。同时，波兰还得到了其他中东欧国家很难获取的优惠贷款，其中包括10亿美元的货币稳定基金①。1989年以来，西方发达国家和国际金融组织通过援助贷款、债务减免及延期支付本息等方式向波兰提供了近200亿美元的债务援助，极大地减轻了波兰的外债负担，也加快了波兰经济自由化的进程。

　　波兰之所以被如此优待，主要是因为波兰积极按照西方发达国家和国际金融组织的要求开展了经济结构调整。波兰的经济结构调整一方面是应债权国的要求，作为救助的条件，另一方面也是波兰国内严峻的经济形势所迫。当时波兰经济增长停滞，通货膨胀率高企，债台高筑，实施经济体制改革势在必行。波兰政府采取了"休克疗法"②，"休克疗法"是针对严重失衡的社会总供求状况，从控制社会总需求出发，采取严厉的行政和经济手段，在短时间内强制性地大幅度压缩消费需求和投资

---

　　① 《综述：波兰经济在转轨中的发展》，http：//finance.sina.com.cn/j/44950.html。

　　② "休克疗法"（shock therapy）这一医学术语于20世纪80年代中期被美国经济学家杰弗里·萨克斯（Jeffrey Sachs）引入经济领域。萨克斯根据玻利维亚经济危机问题，提出了一整套经济纲领和经济政策，主要内容是经济自由化、经济私有化、经济稳定化。实行紧缩的金融和财政政策，由于这套经济纲领和政策的实施，具有较强的冲击力，在短期内可能使社会的经济生活产生巨大的震荡，甚至导致出现"休克"状态，因此，人们借用医学上的名词，把萨克斯提出的这套稳定经济、治理通货膨胀的经济纲领和政策称为"休克疗法"。

需求，使社会总供求达到人为的平衡，以遏制恶性通货膨胀，恢复经济秩序。波兰实施的"休克疗法"的主要内容包括：放开价格，取消国家定价，改变所有制结构，实行国营企业私有化，实行贸易自由化等，总体方向是经济自由化、市场化改革。虽然激进的"休克疗法"让波兰在一定时期内付出了一定的代价，1990—1991年，波兰的国内生产总值下降了近20%，但确实大大降低了波兰的通货膨胀水平，使波兰走上了市场化体制改革之路；1989年东欧剧变后，虽然波兰政权更迭频繁，但市场化的经济发展方向和政策保持了相对的稳定，波兰的经济转型导致的衰退持续了不到三年，1992年便实现了2.6%的经济增长率，成为中东欧地区最早实现经济恢复增长的国家。波兰的经济结构调整方案得到了债权方的认可和支持，因而在债务减免、延期还本付息和提供新贷款等方面采取了倾斜性政策。

第三类是中东欧国家根据自身不同情况采取的针对性措施。1991年匈牙利的外债高达226亿美元，偿债出现困难。匈牙利在经济转型的过程中采取了变现国有资产偿付债务的方式。匈牙利人认为，把国有资产无偿分配给全体国民的捷克式做法在波兰行不通；匈牙利主流理论界认为，只要国有资产的出售能够按照公正的代理交易原则，做到公开、透明、公平竞价，以变现国有资产所得用于公共开支，包括公共服务、社会保障、偿还外债等，这与将国有资产无偿分配给国民的性质是一样公正公平的。因此国内各个派别均始终坚持国有资产"只卖不分"的原则，用国有资产私有化的收入来偿还债务。

在保加利亚，国有企业债务中的约30%是不良债务，其中约1/3的银行贷款未得到符合贷款要求的利用。在国家债务负担持续加重的情况下，保加利亚政府仍然坚持采用对生产亏损的国有企业发放贷款的方式救助国有企业。1995年3月，保加利亚政府发布经济白皮书，坚持要求改进国家银行监控体系，对协调政府与国家银行关系做出新规定；同时，经济白皮书提出了一套综合性措施以缓解包括国有企业不良债务在内各种原因形成的财政困难。为避免金融危机，保加利亚政府不惜牺牲国家银行及财政的利益，坚持要求国家银行向专业银行提供短期资金，同时提供巨额资金用于可能发生的再融资；此举避免了专业银行破产，限制了储户挤兑，有利于消化国有企业的不良债务。

在捷克，1990年捷克将单一银行改组成中央银行、三家国有商业银行和一家政策性银行，该政策性银行的主要职能之一是为了减轻企业的呆坏账问题，该银行在催促企业偿还债务的同时出售企业债券，债权人购买企业的债券即可得到该企业的股权。捷克政府将国有企业私有化过程中的大部分收益分配给该政策性银行所有，以弥补该政策性银行运行中的成本损失及坏账损失。经过经济结构调整，捷克从1991年开始形成了更加自由的经营环境，实现了自由化市场定价，贸易自由化，企业不再获得财政补贴，国家税种固定为统一的增值税、消费税及所得税，税率稳定在合理水平。银行也不再为企业提供保障性贷款，采取市场化经营策略，存贷款利差达到一倍左右，1994年存款利率约为7%，贷款利率为14%；存贷利差的扩大体现了资金市场的均衡，银行可以从存贷利差中获利，促进了银行重新资本化。在更加自由和市场化的经营环境中，捷克企业拥有了更全面的经营自主权，能够获取正确的市场信息，国家从财政及银行两方强化了财务约束，有利于堵住不良债务源头。同时，捷克政府将国有大型企业30%以上的股权无偿分配给全体公民，其余70%股权，除保留一小部分国有外，卖给新的企业控制者，企业获得资金注入。经济转轨开始时，捷克国有企业不良债务率约为20%—30%，1992年以后逐步降到了20%以下[①]。

---

① 王鹏：《中东欧国家转轨时期消化国企不良债务途径及其启示》，《金融与经济》1997年第2期，第31—32页。

从中东欧国家化解债务风险的实践来看，非洲国家在处理债务危机时可以借鉴几点：其一，化解债务风险的根本方法是找准本国经济发展中存在的核心问题，采取措施予以整改，促进经济发展；一方面能够提高自身的偿债能力，另一方面可以为债权国创造更多的投资和开展其他方式经贸合作的机会，从而获得债权国的债务减免，获得优惠贷款。其二，化解债务风险既需要依靠市场的力量，创造自由的投资环境和经营环境，提升经济活力，同时也需要依靠政府，由政府提供正确的政策性支持，动用国家的力量来化解债务风险。政府采取的手段需要再三斟酌，过于激进或保守的改革都会产生不同的效果和相应的后遗症。其三，要充分考虑本国国情，探索适应本国的化解债务风险的方法。照搬其他国家所谓成功的化解债务风险的方法和经验，不一定会取得同样的效果，甚至可能加深债务风险；比如同为外债负担沉重的国家，捷克将国有资产无偿分配给全体国民，而匈牙利则是将国有资产变现偿债，这都是依据本国的历史传统、人文背景、政治背景、经济环境等而做出的不同的选择。

（三）1997年亚洲金融危机期间发展中国家债务危机

1997年7月2日，泰国政府宣布放弃固定汇率制，实行浮动汇率制，当天泰铢兑换美元贬值17%，东南亚金融风暴开始。8月，马来西亚放弃维持林吉特汇率稳定；10月，中国台湾弃守新台币汇率；11月，韩元对美元跌至1008∶1，被迫向国际货币基金组织求援，自此，东南亚金融风暴演变成为亚洲金融危机。1998年2月16日，印度尼西亚盾兑美元跌破10000∶1，受其影响，东南亚多国货币继续大幅贬值。5月到6月，日元兑美元汇率跌至150∶1；9月，俄罗斯卢布贬值70%以上，股市和汇市大幅下挫。直到1999年，此次金融危机才宣告结束。危机中，中国坚持人民币不贬值，为亚洲金融稳定做出了一定贡献。

1997年亚洲金融危机是多种因素共同作用下引发的。危机发生前，部分亚洲国家经济过热现象明显，经常项目出现赤字，短期外债占比提高，公司高度杠杆化，风险集聚。多数亚洲国家采取的"出口替代"模式的缺陷开始显现，生产成本显著提高后，出口受到明显抑制，出现出口下降，国际收支不平衡；而且多数国家没有实现出口产品的阶梯性进步，资源和劳动力的廉价优势无法保证持续的国际竞争力。此外，部分亚洲国家市场机制不成熟，政府对金融等资源配置超标干预，而且政策方面的失当接连不断，比如部分亚洲国家为吸引外资，保持固定汇率和扩大金融自由化并存，政策的不协调给了国际外汇炒家机会；部分国家长期使用外汇储备维持固定汇率制，引发外债累积，一旦外汇储备不足，货币必然大幅贬值。当然，索罗斯和其他国际金融市场游资的冲击也是重要原因。

为应对此次金融危机带来的影响，避免陷入更严重的债务危机和经济危机，亚洲国家采取了多项针对性的措施。

1997年亚洲金融风暴的前几年，泰国放宽了外商投资范围，同时采取高利率政策，吸引了大量短期资本进入资本市场和房地产市场，出现经济过热。泰国还大量举借外债，且短期外债占比高达45%。金融危机导致泰铢大幅贬值，通胀率高企，泰国采取了汇率水平和利率水平反向的对称结构来稳定汇率；泰国国有银行将商业银行的风险准备金比率提高至8.5%，并重新设定了债务级别标准，以加强商业银行的稳定性；为获取国际货币基金组织的援助，泰国按照国际货币基金组织的要求，大幅削减财政预算，减少经常性项目赤字；还出台了新的外国企业法。

受金融危机的影响，俄罗斯卢布大幅贬值，股市暴跌。俄罗斯一方面采取应对性的经济政策，包括实施更宽松的货币政策，调整贴现率，防止汇率大幅下降；利用外汇储备干预汇率市场；另一方面，积极向国际金融组织寻求救助，1998年到1999年，国际货币基金组织和世界银行给予俄罗斯148亿美元的救助。针对经济发展中的长期问题，俄罗斯拟定了长期经济发展计划，包括改革国家税收制度、降低企业税负、扶持中小企业、推动制造业发展等。

在金融危机前，印度尼西亚已经出现了出口乏力，经常账户赤字，外债累积的问题。危机爆发后，印度尼西亚政府迅速做出反应，实施紧缩货币政策，允许卢比浮动，采用低利率政策；实施紧缩性的财政政策，削减政府开支，对大型项目重新评估。鼓励出口导向型产业的发展，鼓励外资进入这些行业。努力向国际金融组织争取救助，1997年世界银行、国际货币基金组织和亚洲银行给予印度尼西亚230亿美元的援助。

此次金融危机前，菲律宾经济过热迹象明显，大量贷款进入房地产行业，贸易赤字也逐渐扩大。为应对债务危机，菲律宾政府着力稳定商业银行，减少商业银行持有的外汇数量；监控外汇浮动，如浮动幅度超过6%，则停止当日交易；为减少对美元的依赖，与印度尼西亚、马来西亚、泰国的双边贸易允许使用对方货币；积极寻求国际金融组织救助。马来西亚主要采取外汇管制措施来减轻危机的影响，1998年开始实行固定汇率制，林吉特兑美元汇率固定为3.8：1；禁止货币衍生工具的使用；冻结马来西亚公司在新加坡自动撮合股票市场的柜台交易等。

此次金融危机中，亚洲国家采取的部分应对措施对于非洲国家防范和应对债务风险具有一定的借鉴意义，至少包括以下几点：首先，由于货币大幅贬值将引发通胀，加大债务压力，东南亚国家普遍严格控制汇率变动幅度，稳定金融市场。其次，由于部分东南亚国家的短期外债占比较高，开始限制短期贷款，大量发行国债，减少对外债的依赖。再次，通过向外国投资者出售本币债券，保证可使用本国货币偿债，从而降低外债风险。

（四）2008年国际金融危机期间发展中国家债务风险

2008年国际金融危机是自20世纪30年代大萧条以来最严重的金融危机，与1997年的亚洲金融危机不同，2008年金融危机在全球范围扩散，诸多发达国家和发展中国家都席卷其中，后续影响持续的时间也更久。

美国的次级抵押贷款部门出现严重违约是2008年国际金融危机的导火索。危机爆发前期，市场利率偏低，次级抵押贷款规模迅速扩大，金融泡沫开始出现；由于大量贷款人并不具备足够的还款能力，贷款违约率逐渐提高，银行坏账开始逐渐增加，金融机构不断出现流动性问题，银行业出现的危机加剧了金融危机的扩散，金融危机开始由美国迅速传导到其他发达国家和发展中国家。2008年9月15日，雷曼兄弟投资银行破产，次贷危机开始演变为全面的国际银行业危机。

危机爆发后，严重的负面影响迅速出现，世界各国开始出台应对性的货币政策和财政政策，救助陷入危机的金融机构。美国金融危机调查委员会认为，有五个责任主体需要承担此次国际金融危机的责任，包括金融监管的普遍失败、公司治理方面的漏洞、家庭部门和华尔街过度借贷使金融体系陷入危机之中、关键政策制定者缺乏对金融体系的充分理解以及各级问责制和道德规范的系统性违规行为。因此，美国政府的处置方案同时从经济复苏和金融监管、财政政策和货币政策、短期目标和长期目标等多个角度展开。美联储和世界各国央行采取措施扩大货币供应量，以避免通缩螺旋式上升的风险。政府通过增加借贷和扩大支出，制定了大规模财政刺激计划，以抵消危机导致的私营部门需求的减少。美国于2009年6月提出了一系列金融监管措施，涉及消费者保护、高管薪酬、银行金融缓冲或资本要求，扩大对影子银行体系和衍生品的监管，以及增强对联邦政府的权力，并且安全地减少具有系统重要性的机构。2010年1月，奥巴马提出了限制银行参与自营交易的额外法规。2010年7月，美国政府颁布了《多德弗兰克华尔街改革和消费者保护法》，以促进美国的金融稳定。在欧洲，欧洲监管机构对银行引入了"巴塞尔协议III"；新协议增加了资本比率、杠杆限制、缩小资本定义（排除次级债务）和限制交易对手风险和新的流动性要求。

随着发达国家的金融机构不断出现流动性问题，危机开始逐渐扩散至广大发展中国家。从短期来看，金融危机导致发展中国家资产价格大幅下跌，偿债能力下降，主权信用评级受损，债务风险上升；从长期来看，全球发达国家的经济出现明显下滑，全球需求低迷，贸易和投资增速放缓，发展中国家由于对外部市场依赖严重，出口和投资受到的打击，迅速反映在经济增长和财政收入之上，货币也开始大幅贬值，政府信用下降，债务风险显著上升。发展中国家面临的债务风险不仅来自于金融危机短期剧烈的冲击，更来自可能长期持续的全球需求低迷和增长疲软。因此，各国为应对金融危机，控制债务风险，相应地制定了短期政策措施和长期政策措施；短期政策措施主要包括实施积极的财政政策和货币政策，降低利率，扩大基建，同时加强汇率管控；长期政策措施则主要包括财政货币政策的调整与搭配、加强金融行业监管、扶持针对性产业及推动区域合作。不同国家采取了针对本国实际情况的具体政策措施。

面对此次国际金融危机，中国及时向市场注入流动性，推出了货币政策和财政政策组合刺激方案：首先，从2008年9月开始，中国连续下调存款准备金率2.5%和贷款利率2.16%，同时扩大贷款利率的浮动区间，扩大信贷投放；2009年新增贷款9.6万亿元，同比增长100%。其次，实施定向刺激经济的财政政策，推进了4万亿经济刺激计划，明确投资主方向为"三农"、民生、社会事业和欠发达地区的基础设施建设等；缓解农户和中小企业融资难的问题，支持节能环保和自主创新等产业；在居民消费下滑的大环境下，推出了扩大消费的宏观调控政策，如发布《关于全国推广家电下乡工作的通知》，以汽车家电下乡、以旧换新为主体的鼓励消费政策等；同时，出台了减半征收小排量汽车购置税、减免住房交易相关税收等减税措施。在此期间，大量基础设施建设项目上马，在短期内迅速提振了中国经济。再次，开始较大规模的发行地方政府债，拓宽政府融资渠道。一方面，地方政府融资平台开始成为政府投资项目的主要融资方式，地方政府融资平台通过银行贷款、发行债券等方式募集资金；另一方面，由中央代发地方政府债券，防控风险。最后，中国中央银行考虑汇率变动对进出口的影响，为维持人民币汇率的稳定，对外汇市场进行了积极的干预。上述措施有效化解了此次国际金融危机对中国的负面影响，中国也避免了债务风险的产生，但4万亿经济刺激计划也带来了长期的负面影响，如当前中国经济发展面临的最大问题之一的严重产能过剩。

东南亚国家在1997年亚洲金融危机期间遭遇了严重的债务危机，因此在2008年国际金融危机来临之际，东南亚国家反应迅速，采取了有针对性的政策措施。

首先，东南亚国家普遍采取了积极的货币政策。各国央行向市场注入了充足流动性，下调了贷款利率，并为居民和企业提供存款担保，以缓解市场面临的短期流动性压力。同时，各国政府推出减免税收、扩大政府财政开支和扶持中小企业等一揽子刺激计划，以提振经济，有效增强危机应对能力。

东南亚国家采取的应对货币政策主要内容如下。印度尼西亚注入流动性4.85亿美元；降低固定存款最低零售利率（MRR）2个百分点，并允许使用央行票据和政府债权作为准备金；下调回购利率100个基点；扩大市场操作范围；与中国人民银行进行150亿美元的货币互换；与日本银行进行120亿美元的货币互换；4次下调基准利率，共计175个基点；提高存款担保上限至20亿卢比。马来西亚下调固定存款MRR3个百分点；与中国人民银行进行120亿美元的货币互换；拨款50亿林吉特，将护盘基金总额增加到150亿林吉特；3次下调隔夜拆借利率，共计150个基点；对所有的存款提供全额担保，直至2010年年底。菲律宾下调固定存款MRR2个百分点；增加比索再贴现预算；扩大比索公开市场操作；开设新美元存款及美元回购资本；二次下调隔夜拆借利率，共计125个基点。新加坡开设伊斯兰债券发行工具，并允许以伊斯兰债券作为申请央行流动性的合格抵押品；与美国进行300亿美元的货币互换；对全部存款提供为期3年的全额担保。泰国3次下调1天期货款贴现率，共计225个基点，对所有存款提供全额担保，直至2011年8月底。越南下调固定存款MRR8个百分点；降低贴现利率700个基点；降低再融资利率700个基点；增加储备存款利率140个基点；扩大回购市场操作；6次下调基准利率，共计700个基点。

  东南亚国家采取的刺激性财政政策主要如下。印度尼西亚实施了63亿美元的财政刺激方案，总额占GDP的1.3%，主要支持领域包括基础设施建设项目及授权项目12.2万亿卢比，节能投资4.8万亿卢比，城市及乡村道路以及农村地区的灌溉2万亿卢比。菲律宾实施了36亿美元的财政刺激方案，总额占GDP的1.8%，主要支持领域包括公司及个人减税400亿比索，增加政府预算1600亿比索，国有控股公司、国有金融机构和私人部门参与基础设施建设1000亿比索，对社保机构成员发放临时福利300亿比索。马来西亚实施了两轮财政刺激计划，第一轮刺激计划总额20亿美元，占GDP的0.9%，主要支持领域包括给予中低收入家庭补贴3亿美元，宏观信贷支持5700万美元。第二轮刺激计划总额164亿美元，占GDP的9.0%，主要支持领域包括加速折旧等 30 亿林吉特；额外支出 150 亿林吉特，包括学校设施 20 亿林吉特，投资推动 16 亿林吉特，沙巴州（Sabah）和沙捞越（Sarawak）地区的基础设施建设 12 亿林吉特；担保基金 250 亿林吉特，包括运营资本担保计划 50 亿林吉特，重组计划贷款担保计划 50 亿林吉特，以及成立一个担保金融机构 150 亿林吉特；对国有公司国库控股（Khazanah）的股权投资，以支持其对电信、技术和旅游投资 100 亿林吉特；私人金融刺激 20 亿林吉特。泰国实施了 36 亿美元的财政刺激方案，总额占 GDP 的 1.1%，主要支持领域包括减税 400 亿泰铢；对公务员和低收入社会保障受益人汇款 190 亿泰铢，公共汽车及铁路低收入乘客优惠券 114 亿泰铢，商务部对低收入家庭的商品补贴 10 亿泰铢；灌溉工程 20 亿泰铢、农村小水库建设项目 8 亿泰铢，农村基础设施建设 15 亿泰铢；食品工业及中小企业促进计划 5 亿泰铢，旅游促进计划 10 亿泰铢，国家形象复原计划 3 亿泰铢；自由教育 190 亿泰铢、失业者培训 69 亿泰铢、地区发展基金 152 亿泰铢、年长者退休基金 90 亿泰铢、健康志愿者招募 30 亿泰铢，健康局改善 11 亿泰铢、年轻警官住房计划 18 亿泰铢、紧急事件预算储备等 41 亿泰铢、政府账户转移 191 亿泰铢。新加坡实施了 136 亿美元的财政刺激方案，总额占 GDP 的 8.0%，主要支持领域包括工作信贷计划、技能项目、工作福利补贴以及跨公共部门招募 51 亿新加坡元；增强银行贷款计划、桥贷款项目以及贸易融资风险共担计划 58 亿新加坡元；税收减免以及支持商业流动性并突出竞争力措施 26 亿新加坡元；对家庭的直接援助，对脆弱目标群体的帮助以及支持慈善事业 26 亿新加坡元；复苏廉租房，升级教育和健康基础设施，并强化可持续发展项目 44 亿新加坡元。越南实施了 10 亿美元的财政刺激方案，总额占 GDP 的 1.0%，主要支持领域包括给予被越南劳动、荣军和社会事务部（MOLISA）划分为穷人的困难者一次性现金补助 20 万越南盾每人，最高可达 100 万越南盾每人；对于银行营运资金贷款给予高达 8 个月的 400 个基点的利息补助；2008 年第四季度起至 2009 年年底，减免中小企业 30% 的所得税；对于某些特定群体推迟新的个人所得税的收取直至 2009 年中期；对中小企业的贷款提供担保，包括投资贷款；按比例增加对大型基础设施的投资；支持国内 61 个最贫困地区的小规模基础设施建设项目。

其次，东南亚各国开始有针对性地扶持特定产业发展，推动产业升级，提高企业应对危机的能力，确保不发生债务风险。东南亚国家普遍支持的行业主要包括建筑业、制造业和服装业等，如马来西亚开放了 8 大领域共 27 个服务行业，取消上述行业中本地人必须占股 30% 以上的限制。

东南亚各国政府普遍加大社会保障力度，避免经济下滑导致的社会危机，甚至社会动荡。比如，印度尼西亚、菲律宾等国给予城市低收入家庭及农村家庭购物临时消费补贴，印度尼西亚、泰国等国家采取住房计划、持续的限价政策及食品能源补贴政策等。稳定的社会局势进一步增强了东南亚国家抵御危机，避免债务风险的可能性。东南亚国家应对金融危机的措施在减轻金融危机冲击、避免债务危机方面取得了一定成效，但多数政策是短期政策，无法长期改善经济结构[1]。

2008 年国际金融危机爆发时，拉美国家的金融体系发展程度参差不齐，因此各国所受到的冲击也不尽相同。阿根廷、巴西、委内瑞拉、智利、秘鲁和厄瓜多尔等国经济增长严重依赖某类原材料及其产品的出口，这些国家受国际金融危机导致的全球需求下降、国际大宗商品价格下跌的影响，出口收入和财政收入大幅减少，汇率剧烈波动，经济遭遇严峻挑战。墨西哥、萨尔瓦多和危地马拉等国经济发展对美国依赖严重，美国经济

---

[1] 参见王守贞等《东南亚国家应对国际金融危机的举措》，《亚太经济》2009 年 11 月。

的大幅下滑导致上述国家侨汇减少，失业率增高。在金融市场，阿根廷、巴西、墨西哥和哥伦比亚等国同时遭受货币大幅贬值、资本快速外逃和股市暴跌带来的冲击。

经济下滑、资产贬值和资本外逃导致拉美国家的债务风险普遍加剧，存在潜在的债务危机。20世纪70年代，拉美国家曾遭遇严重的债务危机，对拉美国家经济社会发展造成了长期的负面影响。2008年国际金融危机期间，拉美国家为有效控制债务风险，采取了多项措施。首先是政府直接干预汇率市场，稳定币值，避免贸易和经济增长受到汇率波动的剧烈影响，典型的如巴西央行多次直接或间接地干预汇市，阻止雷亚尔对美元的贬值。其次是实施宽松的货币政策和财政政策；如巴西央行放宽对银行存款准备金的限制，以期解决出口行业面临的资金短缺，增加出口，扩大财政收入来源；墨西哥大量投入到基础设施建设领域，通过投资刺激经济增长，并缓解就业压力，稳定社会。最后是寻求国际金融机构的流动性支持，美洲开发银行、拉美外汇储备基金和安第斯开发协会纷纷向拉美国家发放了较高额度的特别贷款，这对于稳定拉美地区金融秩序起到了重要作用。

2008年国际金融危机爆发后各发展中国家采取了短期和长期政策相结合的方式来防范债务风险，这非常值得非洲国家学习和借鉴。首先，东南亚国家反应迅速，短期上普遍采取了积极的货币政策。各国央行及时向市场注入充足流动性，下调贷款利率，并为居民和企业提供存款担保，以缓解市场面临的短期流动性压力。同时，央行参与外汇市场稳定汇率波动，避免债务的进一步恶化。其次，各发展中国家纷纷推出了刺激经济的长效政策，如减免税收、扩大政府财政开支和扶持中小企业等一揽子刺激计划，以提振经济，有效增强危机应对能力。同时，国家之间加强经济交流与合作，做好危机后期的长期修复工作。

七 非洲债务问题应对与中非合作可持续发展

（一）妥善应对针对中国的不实指责

自改革开放以来，中国与非洲国家间的经贸合作发展迅速。进入21世纪，中国已成为非洲最大的贸易伙伴和重要的外资来源国。国际上部分对中国怀有偏见或恶意的机构和媒体对中非经贸合作的批评和指责一直没有间断过。总结起来，常见的对中非关系的负面舆论主要有以下几种：一是中国"掠夺非洲论"，主要观点是中国长期攫取非洲资源，削弱了非洲自身的发展能力；二是"中国威胁论"，主要观点是中非合作对非洲国家的和平与安全、可持续发展以及与其他国家间的合作带来了威胁；三是"新殖民主义论"，主要观点是中国与非洲传统的殖民宗主国一样，对非洲的援助和贸易、投资等经贸行为的本质是强化对非洲国家的控制，最终进行殖民统治；四是指责中国当前推进的国际产能合作实际目的是输出国内濒临淘汰或污染严重的落后产能；五是指责在非洲经营的中国企业的属地化经营程度低，雇佣当地工人比例低等。这些负面舆论让中国的国家形象在非洲面临着挑战，中国的生态环境问题，贫富差距问题等受到非洲媒体的广泛关注；中国的产品质量、国民素质等也受到一些非洲媒体和非洲人质疑；西方媒体的负面宣传甚至在特定条件下会催生严重的反华事件。

进入2018年，随着非洲国家债务的累积，债务风险开始逐步浮现，此时国际社会上又出现了所谓的"中国债务陷阱论"，指责中国对非洲国家提供的大量资金加重了其债务问题，将部分非洲国家拉入了债务泥潭，这在国内外引起了一定的关注。总结起来，目前的"中国债务陷阱论"主要包含了以下五类观点：第一类观点是中国对非洲国家提供贷款的标准低，诱使非洲国家过度借贷。这种观点认为，中国对非洲国家提供贷款时没有提出附加要求，或者提出的附加要求太低，通常不包含人权状况、经济结构调整等条件，同时在利率方面实施一系列的优惠，诱使非洲国家放弃西方国家或国际金融组织的资金来源，更倾向于向中国贷款，导致债务规模快速上升。第二类观点是中国对非洲国家提供的资金不透明，助长了非洲国家政府的腐败。这种观点认为，中国对非洲国家提供的资金的来源、渠道、条件和用途等信息透明度不够，这会给非洲国家政府官员提供职务腐败的便利，加剧该地区国家政府的腐败程度。第三类观点是中国对非洲国家提供资金并没有促进非洲国家的长期发展。这种观点认为，中国对非洲国家提供的资金大多用于自然资源的开采和购买，属于"掠夺性"行为，在"掠夺"非洲自然资源的过程中并没有显著促进该地区生产力水平的提高。同时，中国在非洲经营的企业经常无法满足东道国雇佣本地劳动力数量的要求，对缓解当地就业压力的贡献不足，且经常引发劳资纠纷。值得注意的是，部分非洲国家也对这种观点表示一定程度的赞同。第四类观点是中国对非洲国家提供大量资金，显然具有特定的政治目的和战略目的，因此不具有商业稳定性。这种观点认为，中国对非洲国家提供的资金并不是完全出于商业利益目的，而是为了获取非洲国家对中国在特定问题上的国际支持，甚至未来在非洲国家实现政治、军事等战略目的；这种受政治和战略目的驱动的资金流入具有更高的不确定性，一旦中国的政治或战略目的无法达成，可能在短期内出现资本撤离，这就会对非洲国家的经济稳定和债务稳定带来冲击。这种观点在某种程度上也反映出近期部分非洲国家的主要担忧,即担心中国会突然大幅减少对非洲国家的投资水平和融资帮助。第五类观点是中国通过"一带一路"建设中的项目实施,给予包括非洲国家在内的发展中国家大量优惠贷款,显著增加了发展中国家的债务负担,从而将发展中国家拖入债务泥潭,而非洲国家的经济结构尤为脆弱,更容易陷入债务泥潭,中国借此实现控制非洲国家的长远战略目的。这种说法在一定程度上会得到不少发展中国家的认可,因为部分项目给予的各类贷款确实有增加债务负担的客观效果;至于这背后是否有西方的长期战略考量,无法证实,所以面对这种指责,我们相对被动。上述五种观点中,前两种观点主要是自中国与非洲国家经贸合作往来密切以来,部分西方国家和媒体长期持有的论调,属于老生常谈,并无太多新意,非洲国家对这样的论调也已"习以为常"。相比之下,后三种观点则对应了中国在非洲国家债务问题上面临的长短期风险,并将其引申到政治范畴,值得中国高度重视,并实施有针对性的应对措施。

对于上述各类不实指责,中国从政府部门到学者都给予了坚定的反驳。比如2018年1月14日,中国外交部部长王毅在安哥拉表示:当前一些非洲国家的债务是长期积累的结果。解决债务问题的思路也已明确,这就是走可持续发展之路,实现经济多元化发展,中方对此予以坚定支持,并愿为非洲提高自主发展能力,实现经济社会发展良性循环继续做出我们的努力[①]。中国商务部副部长钱克明表示:在债务问题上,中国在非洲的债务不算多的,总体来看,非洲大部分债务的负担不一

[①] 《中国融资增加非洲国家债务?外长王毅:公道自在人心》,http://mil.news.sina.com.cn/dgby/2018-01-15/doc-ifyqqieu6618919.shtml。

定是中国造成的。同时，中国也注意在选择项目时要多选择一些经济效益好、能创造就业、创造税收、创造出口的项目①。上海师范大学张忠祥教授指出，此次非洲债务危机是局部的，存在债务高风险的非洲国家约12个，仅占非洲国家总数的22%。此外，同历史上非洲债务的最高点相比，目前非洲债务风险也是相对可控的。世界市场的商品价格消长对于非洲国家的经济发展的影响十分明显；加上美元走强、非洲本国货币贬值的影响，更加重了一些非洲国家的债务负担②。浙江师范大学刘青建教授指出，中国贷款占非洲外债的比例极小，在一定的基础设施水平下，中国的贷款一方面有助于非洲国家债务的减少，另一方面又能够推动GDP的增长，实质上有利于减少相关国家的债务负担，中国加重非洲债务负担论明显缺乏根据③。非洲方面也发出了反驳的声音，如卢旺达总统保罗·卡加梅（Paul Kagame）指出：批评来自那些"出钱太少"的人，而资金是推动非洲发展所必需的④。赞比亚首席政府发言人多拉·西利亚（Dora Siliya）说："我想清楚地表明中国贷款没有债务困扰。所有流传的故事都是恶意的，我们不会分心。⑤"

实际上，如果可以从以下三个层面了解非洲国家债务的本质，就可以清楚地知道上述恶意不实指责完全是无稽之谈。

首先，从非洲国家债务累积的原因来看，来自中国的贷款

---

① 《中国贷款导致部分非洲国家债务趋于严重？商务部回应》，http://news.hexun.com/2018-08-28/193913454.html。

② 张忠祥：《当前非洲潜在的债务危机是局部的和可控的》，《中国与非洲》，2018年9月。

③ 刘青建：《中国在非洲真的在进行资源掠夺吗？》，http://www.ce.cn/macro/more/201805/28/t20180528_29257385.shtml。

④ 《外媒：中国致非洲陷"债务陷阱"论遭驳斥》，http://news.sina.com.cn/o/2018-09-05/doc-ifxeuwwr4053701.shtml。

⑤ 《赞比亚政府表示中国贷款没有债务困扰》，http://www.kmlvyou123.com/shangye/19262.html。

并非重要原因。非洲国家债务累积一方面是历史原因导致的，20世纪70年代第二次石油危机中，国际原油价格上涨、原材料价格下跌，导致非洲国家出口低迷、进口成本提升，贸易条件的恶化导致了国际收支的失衡，很多非洲国家出现财政危机。20世纪70年代到90年代末，非洲国家军事政变、战乱、内部冲突频仍，军费和战争支出催生了大笔外债，同时也导致经济社会发展停滞甚至倒退，非洲国家偿债能力进一步减弱。非洲国家债务累积另一方面是近年来全球宏观经济条件导致的。从全球产业链来看，目前非洲仍处于产业链底端，多数非洲国家产业结构单一，出口产品多为原材料，出口收入有限，经济增长严重依赖国际市场，对国际市场变动的反应极其灵敏和快速。2008年国际金融危机带来了全球大宗商品价格的下跌，如原油价格从2014年最高的147美元/桶一路下跌到最低的36美元/桶，并长期在低位徘徊，给非洲国家经济发展和财政收入带来了巨大压力，经济下滑；在安哥拉，2002—2010年石油产业拉动经济年增长率达12%，通胀率也由2003年76.6%降至14.0%；但2008年国际金融危机导致国际油价大跌后，安哥拉经济增速明显放缓，2011—2017年年均经济增长率仅为3.27%[①]。为寻求资金刺激经济发展，非洲国家大量举借外债；同时，伴随着经济下滑，非洲国家的税收随之减少，财政收入的减少削弱了偿债能力。近年来美元不断走强，多数非洲国家货币出现不同幅度的贬值，进一步加重了非洲国家的债务负担。

其次，从当前非洲国家债务的来源看，来自中国的债务比例并不高。目前，非洲国家债务主要来自商业银行贷款和国际债券发行。撒哈拉以南非洲国家36%的外债来自国际货币基金组织和世界银行等国际组织，38%的外债来自国际商业银行，

---

① 数据来源：世界银行数据库 https：//data.worldbank.org.cn。

26%的外债来自其他国家政府①,中国作为其他国家政府之一,来自中国的贷款比例有限②。近年来,中国对非洲国家的贷款有所增加,但在非洲当年的债务余额中占比仍然很低,2011年之前一直未超过2%,2016年达到历史最高的5%。2016年,中国对非洲国家的贷款大幅增加,主要原因是2015年中非合作论坛中国承诺对非洲提供总额600亿美元的资金支持,但这只造成了短期贷款增加,2017年中国对非洲国家贷款回落至110亿美元左右。另据SAIS-CARI数据估算,2000—2016年,非洲国家来自中国的债务占非洲外债总额的1.8%③。从国际债券发行来看,近年来,由于国际债券发行条件有利,投资者需求高且稳定,非洲国家非常依赖发行债券。2007—2016年,非洲国家发行了大量主权债券,债券在公共债务总额中的占比从9%提高到19%。2017年,部分非洲国家又发行了75亿美元主权债券,2018年第一季度,肯尼亚发行了10年期和30年期债券各10亿美元,票面利率分别为7.25%和8.25%;尼日利亚共发行了12年期债券25亿美元,票面利率为7.1%。在一些非洲国家中,欧洲债券在其总公共债务存量中占比较高,如到2016年,加蓬的欧洲债务占公共债务存量的比重达48%,纳米比亚为32%。综上可知,来自中国的债务只占非洲国家债务较小的比例,也即中国绝非非洲国家债务风险的主要来源。

最后,中非经贸合作有助于提升非洲国家的经济发展水平,增强经济实力,切实减少债务需求,提高偿债能力。非洲国家

---

① 赵磊:《非洲债务危机,根在美元"剪羊毛"》,《环球时报》2018年7月23日。

② World Bank, "Africa's Pulse, An Analysis of Issues Shaping Africa's Economic Future", April 2018, Volime 17, http://www.worldbank.org/content/dam/Worldbank/document/Africa/Report/Africas-Pulse-brochure_Vol9.pdf.

③ 刘青建:《中国在非洲真的在进行资源掠夺吗?》,http://www.ce.cn/macro/more/201805/28/t20180528_29257385.shtml。

均为发展中国家,经济增长、基础设施建设都需要大量资金支持,能够取得足够的、价格合理的资金对于非洲国家的发展极为关键,中国对非洲提供的大量资金是支持非洲国家发展的直接力量。近年来,中国经济与非洲经济之间呈现了明显的正相关关系,显示出中国已经成为非洲经济发展重要的外部动力。据测算,1996—2008年,中国经济与非洲经济增长相关性系数为0.75,呈现正向同步增长;2008年之后,由于受到国际金融危机、地区动荡等因素的影响,非洲经济与中国经济的相关性有所减弱,但中国仍是非洲经济增长最大的外部动力之一[1]。多年来,来自中国的投资显著拉动了非洲地区经济增长,这既是中方学者的观点,也是非洲各界的主流观点,同样也得到了国际社会的认可。比如2009年10月,卢旺达总统保罗·卡加梅(Paul Kagame)指出,中国对非洲的投资促进了非洲国家的经济发展和基础设施建设[2]。2016年6月,美国布鲁金斯学会发布报告《中非结合:从自然资源到人力资源》认为,中国对非洲的投资正从强调保障自身能源矿产供给向产能合作与当地人力资源开发的新阶段转变,这一过程将帮助非洲更好地参与国际分工、融入全球产业链,促进非洲经济从自然资源为基础的采掘经济向人力资源为基础的劳动密集型工业经济的转变[3]。2018年美国霍普金斯学会发布的研究报告《未来之路:第七届中非合作论坛》更为详细和客观地评价了中国与非洲国家间的互利合作,报告指出,中国在埃塞俄比亚、加纳、尼日利亚和坦桑尼亚等国家的工业区在吸引中国制造企业方面特别成功。

---

[1] 姚桂梅:《中非直接投资合作》,中国社会科学出版社2018年版。

[2] 《卢旺达总统称赞中国对非投资》,http://www.mofcom.gov.cn/aarticle/i/jyjl/k/200910/20091006566933.html。

[3] John L., *Thornton China Center Monograph Series*, No.7, July 2016.

非洲每年的中国外商直接投资总量正在增长，如果该趋势继续下去，将继续推动中国制造业进入非洲工业区，可能会得到蓬勃发展。2015年中非合作论坛致力非洲人力培训和能力建设，包括每年培训1000名非洲媒体专业人员，向非洲国家提供3万份政府奖学金和2000份中国学位奖学金，培训20万当地职业技术人员，并为非洲提供4万个在中国的培训机会。更多的非洲国家正在与中国公司达成人员培训协议，如在卢旺达的中国企业C&H服装公司（C&H Garments）在过去的几年中，为卢旺达培训并雇用了大约1500名工人；在肯尼亚的中国建筑承包商和重型机械供应商——中航国际，已实施了多项人力资源培训计划。中国大力帮助非洲国家开展能力建设，如中国领先的电信公司华为技术有限公司在安哥拉、刚果（布）、埃及、肯尼亚、摩洛哥、尼日利亚和南非建立了培训中心，最近在内罗毕新建了一个新的区域培训中心，专注于"4G、物联网、云计算在内的新技术"和其他新兴技术专业人士的培训[1]。

中国对非洲国家的投资在多个领域都促进了非洲社会的进步和发展，比如中国投资非洲能矿采掘业促进了非洲国家能矿工业体系的构建，中国能矿企业不只局限于资源的采掘，还特别注重在东道国配建精选、提炼或冶炼厂等资源加工类项目，对配建基础设施项目持积极态度。中国投资非洲国家的建筑业一定程度上缓解了非洲基础设施落后的局面，尤其注重后续技术合作、技术培训和能力建设，有助于增强非洲国家的基础设施管理运营能力。中国企业投资非洲国家制造业，带动了优势产能向非洲国家的转移，且实现了部分技术转移，有助于非洲国家在全球产业链上的攀升。中国投资非洲国家农业，依托资

---

[1] Janet Ecom, Deborah Brautigam and Lina Benabdallah, "The Path Ahead: The 7th Forum on China-Africa Cooperation", *Briefing Paper of Johns Hopkins*, No.1, 2018, http://www.sais-cari.org/date-chinese-loans-and-aid-to-africa.

源禀赋，有效地提升了当地的农业生产能力和技术水平，带动了当地农业深加工发展，有助于夯实非洲国家经济发展基础。中非经贸合作增强了非洲国家的自主发展能力和偿债能力，提高了应对债务风险的能力[①]。

中国并非是非洲国家债务累积的主要来源，但这并不意味着非洲国家和中国不需要对非洲国家潜在的债务风险保持警惕和忧虑。从短期看，非洲国家普遍比较担心中国会突然减少对非洲国家的资金输入。历史上，一些中东欧国家和拉美国家都曾因为外资流入的突然减少而爆发债务危机和经济危机，非洲国家目睹了阿根廷等国家资本外逃带来的毁灭性灾难，也担忧这种现象复制在非洲大陆。随着国际经济和中国经济放缓，国际大宗商品价格持续下跌，再加上近年来非洲地区自然条件的恶化，非洲国家的出口和经济增长受到巨大冲击。这种情况下，许多非洲国家担心中国会因为经济下行等因素，短期内大规模减少对非洲国家的投资和信贷，进而触发非洲国家债务危机。从长期看，中国与非洲国家仍有较大的合作潜力，但这种潜力有赖于非洲国家的长期增长潜力的兑现以及投资项目本身的持续盈利。目前，中国在非洲地区的直接投资主要围绕自然资源开发和基础设施建设展开，相比而言，在制造业和金融业等领域的合作较少。一方面，自然资源大多附着一定的主权性，这容易使中国政府和企业成为西方国家和非洲东道国攻击的对象。另一方面，基础设施建设有资金需求大、投资期限长、投资回报慢等特点。如果相关国家的长期经济增速不能达到预期水平，或者投资项目仅停留在建设层面，基础设施等工程项目的长期投资成本就有可能大于收益，中国相关企业和部门会因此遭受财务损失。

---

① 姚桂梅：《中非直接投资合作》，中国社会科学出版社 2018 年版。

（二）避免来自中国的资金增加非洲国家债务风险

为有效防范和化解中国在非洲国家债务问题上面临的质疑和风险，围绕"短期控制并化解中国面临的非洲债务风险，长期推动非洲国家债务可持续性、提高中非合作水平"的核心目标，本报告提出以下几条应对措施。

一是强化舆论引导。对于国际舆论，特别是西方媒体对中国在非洲国家债务问题上的负面报道，要组织专家学者积极发声，主动引导，让受众全面、客观、从积极方面正确看待这一问题。同时，避免国内媒体在该问题上胡乱发声、制造杂音，特别是个别学者发表不利于中非关系大局的负面声音。对负面声音的反驳要注意以下几点：首先，不能仅从宏观角度或意识形态角度去反驳，这样的反驳是必要的，但更适合出自政府部门的公开发声，学者则不适合采用这样的反驳方式。学者应更细致深入地研究该问题，要对非洲国家债务状况、中国对非洲国家的贷款有充分和具体的研究，要能利用具体详细的数据和明确的观点来反驳，这样才能做到有理、有据、有节。其次，不能只通过国内媒体，利用中文一种语言来反驳，要充分利用国际媒体，利用英语、法语、西班牙语等多语种反驳，这样才能得到更广泛的传播。最后，目前中外对话中有一种不容忽视的现象，就是对话双方各说各话，不在一个轨道上，互相并不能真正理解对方的观点和意图。因此，我们要学习用更符合国际惯例的语言去发声，这样的反驳效果才会更好，才会得到更广泛的支持。要通过舆论引导，稳定非洲国家对中国资金的预期；明确表达对非洲地区发展前景的长期信心以及对非洲国家债务问题的关切，确保中非合作的长期可持续。

二是密切监控非洲国家债务风险。中国已成为非洲国家的最大融资方之一，且肩负有大国责任，无论从中国本身利益角度出发，还是从非洲国家利益角度出发，抑或从国际经济、社会发展的角度出发，我们都必须要密切关注非洲国家债务的可持续性。要密切监控非洲国家的债务风险，构建债务风险预警体系。从债务增速、债务结构、债务相对规模、经济增长动能和国际收支等方面，构建测度非洲国家债务风险的指标体系，及时有效监控非洲国家债务风险的变化情况并提前预警。联合世界银行、国际货币基金组织和非洲开发银行等与非洲国家债务密切相关的国际组织，共同商讨化解非洲国家债务风险的策略。

三是明确区分商业项目与援助项目。目前国际社会一些对中国增加非洲国家债务负担或中国在非洲有模糊且多元战略目的的非议，可能部分源于中国在非洲实施的一些项目究竟是援助属性还是商业属性的不清晰。国内有学者认为，援助与投资混合，是中国与非洲国家合作过程中创造出来的具有中国特色的举措，是中国相对于西方国家的特色和优势，可以称之为"造血式金融"。我们认为，这确实是中国与西方国家的差异，但并不能称为优势；这是在中非合作处于特定历史阶段的产物，适应于过去某一时间段的中非合作；从目前的国际形势和中非双方所处的国际地位来看，这种方式已不适用，反让西方国家和非洲国家都认为中国与非洲国家之间的合作框架不清、目的不纯，成为很多外界误解和批评的根源。未来，随着中国在国际社会中地位的进一步提升，中国将在国际援助与投资体系中扮演更为重要的角色，甚至领导者的角色，这种模糊不清的方式和定位将更加不利于我国在国际经贸合作和国际规则制定中的角色和定位。因此，建议未来中国与非洲国家的项目合作中，要将商业项目与援助项目严格区分开来。对援助项目，一方面可以适度扩大援助规模，另一方面可以尝试将中国对非洲援助与其他国家对非洲援助采取某种适当的方式协调起来，进而提高援助效率，增强援助效果。对商业项目，则一定要完全按照市场经济规则运行，透明规范，互利共赢。

四是摸清中国在非洲贷款项目的家底。要全面了解国家开发银行、中国进出口银行、中国工商银行等国内大型政策银行和国有商业银行在非洲国家贷款项目的规模和项目收益情况，并对未来项目的进展和贷款的可偿性进行分析和判断。统筹规划对非洲地区提供的融资规模，提高融资效率，优化投资结构，避免过度投资。目前，中国在非洲的一些投资项目面临长期亏损，要明确判断这些项目是否属于过度投资的项目，并予以分类处理。同时，要对中国在非洲国家的存量债务进行分类，妥善处置不良债务。要严格按照国际金融市场通行标准，评估现有中国提供的商业融资项目风险等级，并按照不同风险等级将与中国有直接关系的存量债务进行分类。针对已经暴露出问题的不良债务，应综合采取利率优惠、展期、债转股等多种方式，提前化解相关风险，避免出现债务风险传递和连锁违约，确保不出现因中国减少再融资而导致的流动性风险和债务危机。在本报告第四章的评估结果中，具有较高债务风险的非洲国家的项目要进行重点考察与评估，并适当提高发放贷款的标准。

五是优化现有的债权结构。要适度减少大型工程类、基建类项目投资，适度增加与制造业相关的对非洲国家债权规模。控制大型工程承包、基础设施投资项目的数量。鼓励劳动密集型加工产业和企业以合资、交叉持股等多种形式在非洲地区开展直接投资和建设工厂，增加对非洲企业的技术转移，提高中资企业对非洲本地工人的雇佣比率。根据本报告第四章对非洲国家债务风险的评估结果，对债务风险较高的国家要尤其谨慎推进大型项目融资。要强化同非洲国家政府的沟通交流，广泛开展实地调研，增加对民生类项目的资金投入，如社区医院、学校等，同时配合对当地相关人员的培训项目。全面认真总结民生类项目建设的经验教训，不断提高项目服务当地的实际效果。

六是积极开展国际合作。要广泛地对接国际多边组织，提高中国对非洲国家债权的国际认知度和合法性。主动与世界银行、国际货币基金组织、非洲开发银行等相关国际和地区多边金融组织合作，联合对非洲国家项目开展融资贷款，增强中国对非洲提供资金的国际认知度和合法性。同时，增加新开发银行、亚洲基础设施投资银行等中国重点参与的国际组织对非洲提供资金的规模和比重，适度提高对非洲国家贷款的标准，增强贷款透明度。

七是扩大人民币使用范围，建立人民币回流机制。建立专业化的融资平台，为非洲国家发行人民币计价的政府债券和企业债券提供融资服务。鼓励非洲国家政府和企业用人民币进行贸易结算，并支付来自中国的商品和服务。进一步扩大包括自然资源、初级加工产品和中级加工产品在内的非洲本土产品进口，改善非洲国家的国际收支和对外偿付能力。

（三）通过中非战略对接推进中非合作

2013年中国政府正式提出，"一带一路"倡议，此后采取了一系列的政策措施予以推动。经过5年的发展，"一带一路"建设取得了明显成效，赢得广泛的国际赞誉。当前，"一带一路"倡议是中国核心的对外经贸合作倡议，也是中国最重要的发展规划。非洲是"一带一路"的重要组成部分，"一带一路"建设将推进中非经贸合作关系进一步加强，也为非洲国家经济发展带来了难得的历史机遇。2015年非盟峰会通过的《2063年议程》是未来50年指引非洲大陆社会经济转型发展的战略框架；总体目标是建立一个由非洲公民推动的一体化、繁荣、和平的非洲。同时提出了系统的工业化发展目标和保障措施，并提出了若干关键性项目。非盟希望以此推动非洲工业化进程，实现非洲大陆互联互通，推进非洲地区一体化进程，实现"发展"这一非洲人民的普遍愿望；同时强调包容性增长，实现更公平的收入和财富分配，实现发展的普惠性。

中国的"一带一路"倡议与非盟《2063年议程》在目标、手段和重点领域等方面存在着诸多共性，有利于二者之间实现对接。其中，发展是"一带一路"倡议和《2063年议程》的共同目标，目标一致性为两者的对接奠定了基础。产业转型升级是"一带一路"倡议和《2063年议程》的共同诉求；中国有关产业转移到非洲，可以促进资源优化配置，实现低附加值的产业向价值链上游升级；非洲国家则可利用比较优势承接来自中国的产业转移，通过提升制造业水平来加快工业化进程。设施联通是"一带一路"倡议和《2063年议程》的共同优先领域，"一带一路"倡议将为非洲基础设施建设计划提供强有力的支持。民心相通是"一带一路"倡议和《2063年议程》的共同关切，二者在妇女权利、人力资源开发、青年就业等领域有很大的合作空间，中非双方将以青年和妇女交往、创业培训、职业技能开发、社会保障管理服务等多种形式开展相关合作。

在上述各领域的对接中，中国的国际产能合作与非洲的工业化战略对接最为关键。国际产能合作是中国在"一带一路"建设实践中提出的新概念，是一种新的跨国合作模式，是覆盖全产业链的产业能力建设国际合作，既有利于帮助相关国家建立和完善产业体系，提升其经济内生发展能力，同时有助于实现中国的产业结构优化升级。国际产能合作将推动全球资源优化配置；与发展中国家的产能合作，可以将中国的优质产能和技术能力与发展中国家的资源禀赋和发展需求有机结合；与发达国家的产能合作，可以将中国的优势与发达国家的核心技术能力、高效管理制度结合起来，促进各方资源的合理利用，提升资源配置效率。非洲是中国开展国际产能合作的重要地区之一。在"一带一路"建设和国际产能合作框架下，中非之间将开展更广泛的产业合作。中国将有更多企业在非洲不同的行业投资兴业，中国各类产业技术和标准将更多地进入非洲，不仅会直接带动非洲相关产业发展，还将通过溢出效应带动上下游产业发展，帮助非洲国家建立和完善产业体系，加速工业化进程，实现经济多元化。非洲国家将充分利用中国大量资本的进入，弥补国内储蓄和外汇的双缺口，增加资本积累。非洲还将借助中国在基础设施领域的优势推进本地区的互联互通，改变铁路、公路、区域航空三大网络发展滞后的局面，优化投资环境，降低运营成本。

　　制造业是中非产能合作的重点领域，也是非洲国家实现工业化的优先领域，是很多非洲国家推进经济多元化的共同选择。中国在国际制造业产业链中居于承上启下的位置，中非产能合作有助于提升非洲国家的制造业水平。矿产品加工、农产品加工、家用电器、纺织品等生产和消费品领域的合作是中非双方合作的重点，汽车制造、医药生产和医疗设备制造、手机等电子设备生产也具有合作的潜力。基础设施建设是"一带一路"建设的关键领域，也是非洲国家最重视的发展领域，近年来非洲国家相继有多个大型基础设施建设项目上马。未来，中国将更多的以投资和运营的方式参与非洲国家的基础设施建设。能源矿业领域仍将是中非产能合作的重点，中国能矿企业将向深加工领域延伸，部分企业采取收购—生产—运营的投资模式，实现属地化、国际化经营。太阳能、风电、地热及各类生物质能项目将成为中非能源矿业领域合作的新增长点。现代服务业领域具有较大的合作潜力，非洲的现代服务业总体发展水平低，金融、电信、航运、旅游等新兴服务业发展空间巨大，近年来中国的服务业实现了长足发展，中非之间紧密的经贸合作关系需要更多的服务业配套。本报告认为，中非现代服务业合作将是中非国际产能合作的新兴领域，是其他合作领域的极大补充，将在未来中非健康可持续发展中扮演非常重要的角色，因此，本章接下来的内容对推动中非现代服务业产能合作进行系统的分析和阐述。

（四）服务业将成为促进中非合作的重要领域

一般认为，服务业是指生产和销售服务产品的生产部门和企业的集合。服务产品与其他产业产品相比，具有非实物性、不可储存性和生产与消费同时性等特征。由于概念的不统一，世界各国对服务业的统计口径有所区别。自20世纪90年代初起，随着劳动生产率的提高，全球经济服务化趋势加剧，服务业就业人数和在国民生产总值中所占比重快速上升。目前，在全球经济中，服务业所占比重超过60%；发达国家服务业占比超过70%；服务消费占总消费的50%以上；服务业的发达程度成为国家经济社会发展水平的基本标志。

服务业在非洲国家经济社会中扮演着重要的角色。首先，非洲服务业是近一半非洲经济总量的来源，同时在经济增长、就业、国际收支等方面发挥着重大作用。对于非洲国家而言，与受气候条件、国际市场价格等影响较大的工农业等非服务业部门相比，服务业增速更为稳定。经济增速较快的时期，工农业发展速度较快，而服务业增速相对较慢，从而服务业占比下滑（如20世纪70年代以及90年代末到2008年国际金融危机爆发前）；反之则反（如20世纪80年代以及2008年国际金融危机爆发后）。服务业在非洲经济增长中起着重要作用。与现价计算的结果相比，以不变价计算的增长核算更能体现服务业在非洲经济增长中的作用。如图7-1所示，1971—2011年共41年中，服务业增加值（不变价）增速低于国内生产总值增速的年份仅有12年，而且这些年份也大多是经济发展形势较好、增速较高的年份。也就是说，大部分年份里，服务业增加值（不变价）对经济增长的贡献率都高于其本身在经济总量中的份额。有鉴于此，以不变价计算，非洲服务业增加值占国内生产总值的比重大部分年份均保持增长。由此可见，服务业对非洲经济稳定和增长有重要意义。

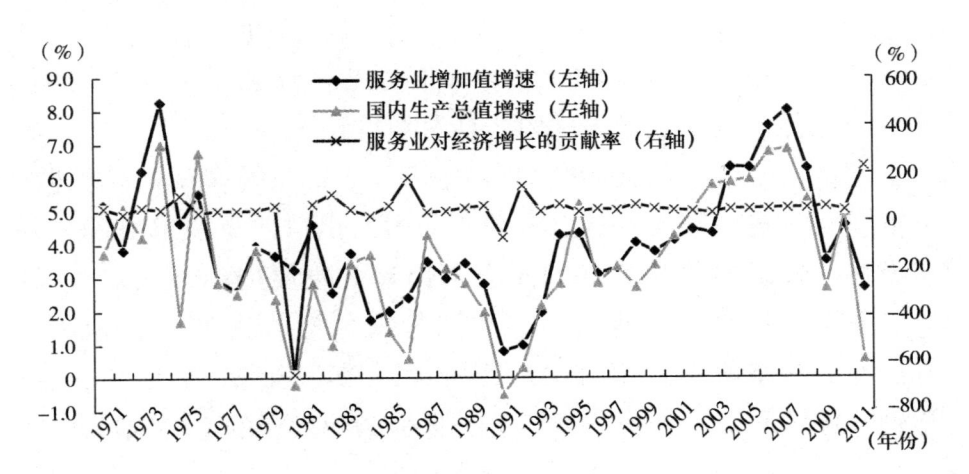

图 7-1　非洲服务业增加值（不变价）增速及其对经济
增长的贡献率（1971—2011 年）

注：服务业增加值和国内生产总值均按 2005 年不变价计算。

资料来源：United Nations Statistics Division, National Accounts Estimates of Main Aggregates。

其次，服务业行业众多，且多属于劳动密集型行业，吸纳就业的能力较强，是非洲居民就业的重要产业。对大多数非洲国家的居民而言，以公共管理、教育、卫生等行业为代表的公共服务业提供了非常优质的就业机会。传统的批发零售业、餐饮住宿业、交通运输等也能够提供大量的就业岗位。随城市规模的扩大，金融和房地产行业的就业机会也在逐步增加。信息化条件下的通信行业的就业机会也在不断扩大。此外，随工业经济发展而专业化的各种生产性服务业也在提供越来越多的就业机会。非洲服务业对劳动力的吸纳存在明显的国别差异。在市场竞争条件下，如果一国资本充足且资本和劳动力均可自由流动，那么服务业就业人口占总就业人口的比重与其增加值占国内生产总值的比重相近，二者之间差异不应过大。不过，由于多数非洲国家仍然处于典型的二元经济发展时期，资本短缺严重，非农就业岗位稀缺，大量的剩余劳动力仍滞留在农业生产领域，农业吸纳的劳动力占劳动力总量的比重大大超过农业增加值占国内生产总值的比重，而服务业吸纳的就业占比也因此会明显低于其增加值占国内生产总值的比重。

最后，服务业相关的贸易和投资等是非洲国家获取外汇收入的重要渠道。服务贸易出口是非洲国家出口的重要组成部分。旅游和交通运输等是非洲国家服务出口的主要内容。除贸易以外，服务业相关投资也是一些非洲国家外汇收入的重要来源。外国在非直接投资除了流向矿产资源开采等领域，金融、交通运输、旅游和贸易等服务部门也是吸引海外投资的重要领域。

从服务业内部结构来看，非洲服务业大体可以分为传统服务业、新兴服务业和公共服务业三大部分。目前来看，非洲服务业各主要行业总体发展水平还较低。但是，考虑到非洲国家的众多人口、经济增长前景和潜力巨大的服务业市场需求，未来非洲服务业各行业发展均拥有非常可观的发展空间。

自2000年中非合作论坛成立以来，经过十多年的开拓和发展，中非合作已经进入全方位、多层次、宽领域的新阶段。服务业作为重要产业部门，也是中非合作的重要领域。目前中国对非洲服务业投资的主要行业包括金融业、租赁和商务服务业、批发零售业、电信业、交通运输/仓储和邮政业、科研和技术服务业等。其中，金融业已跃居中国对非投资增长最快的领域。但中非服务业与中非在能源、矿产、基础设施建设等方面相比，合作规模仍然较小，层次依然较低。非洲地区对服务业的需求增长迅猛，本地服务供应能力有限，而中国的服务业供给能力增长较快。根据小规模技术理论，中国服务业的技术和发展程度更适应于非洲市场的需求。展望未来，服务业毫无疑问将是中国对非投资的重点发展方向。

未来中非将在服务业各领域广泛开展，本报告认为以下几个领域应予以重点推进。

首先，金融业将是中非服务业合作的核心领域。第一，中方政策性金融机构非政策性金融业务将进一步扩大。在现有的中非合作论坛机制下，政策性金融机构的作用得到了极大的发挥。在发展政策性金融业务的导向下，政策性金融机构进入非洲市场时间早，对非洲市场了解更加深入，业务网络也相对成熟，在发展非洲金融业务方面已经积累了较为丰富的项目经验和客户信息。这些业务积累不仅有利于政策性金融业务的发展，而且有助于非政策性金融业务的发展。目前，国家开发银行和中国进出口银行非政策性金融业务均有所发展，并取得了较好的经济效益。未来，除了继续承担优惠贷款、开发性金融等政策性金融职责外，政策性金融机构还将发挥其自身优势，在贸易融资、股权融资和商业信贷等领域扩大业务规模。第二，中资银行在非洲的业务将获得加速发展。在当前非洲经济社会总体形势较好，金融风险水平有所下降的情况下，非洲银行业高回报特征对国内银行的海外扩张将产生明显的吸引力。随着中非经贸合作规模的扩大，越来越多的国内企业将落户非洲，中国银行金融机构在非发展的目标客户群体有望不断扩大。对于率先进入非洲市场的中国银行、中国建设银行和中国工商银行等来说，经过多年的积累，已初步具备发展在非洲国家业务的能力。未来，它们还将通过增设分支机构、扩大业务网络以及股权投资和并购等方法适时推动在非业务的发展。此外，上述银行在非洲市场的发展成果也将产生一定的示范效应，吸引更多的国内商业银行参与中非金融合作，提升国际竞争力。第三，中方银行在非合作形式将趋于多样化。回顾中国银行、中国建设银行和中国工商银行等银行金融机构在非业务的发展，与当地银行的合作是取得成功的一条重要经验。由于进入非洲市场时间较短，短期内国内银行金融机构无法在网点数量和网络覆盖上与当地银行竞争。但是，通过与当地银行的业务代理、战略合作以及股权合作等形式，国内银行金融机构同样可以构建一定规模的业务网络，实现阶段性业务发展目标。在未来较长一段时间内，合作形式的创新将成为银行金融机构在非业务发展的重点。在这种情况下，预计银行金融机构合作形式也将继续趋于多样化。第四，中方证券和保险金融机构在非业务有望获得突破性发展。目前来看，除中国出口信用保险公司可以向国内出口企业提供出口信用保险外，国内证券和保险金融机构仍然未将非洲证券市场和保险市场纳入视野，在非洲国家的业务发展处于停滞和相对滞后状态。这一局面有望在不久的将来被打破。随着人民币国际化进程的推进和海外投资渠道的逐步放开，证券业海外发展空间正在逐步扩大，非洲资本市场的投资价值将得以体现。与此同时，随着国内在非企业数量的增长和业务规模的扩大，海外保险需求也相应增长，与之相应的海外保险市场也存在明显的发展空间，在非企业在企业财产保险和员工人身保险等方面都存在明显需求。第五，跨境人民币业务将成为中方金融机构在非业务发展的优势增长点。近年来，跨境人民币业务发展势头迅猛。国内方面，除了跨境贸易人民币结算试点范围已经扩大到所有进出口企业、业务范围涵盖所有经常项目外，跨境人民币业务还正在向对外直接投资和外商直接投资等部分资本项目全面推进。国际方面，中国通过国际间货币合作，为双边贸易和跨境投资提供便利。随着非洲跨境人民币业务需求的增长，中方金融机构在跨境人民币业务方面的优势将逐步显现，跨境人民币交易将成为其在华业务发展的优势增长点。第六，移动支付行业将成为未来增长点。近年来，中国的移动支付产业发展迅速，移动支付渗透率高达77%。国内支付行业企业已经成为全球支付行业的领军企业。由于我国的跨境贸易和人员往来日增，产生了大量的支付需求，跨境支付成为中国支付行业新的业务增长点。中国的移动支付早已开始了"走出去"的进程，比如阿里巴巴旗下的"支付宝"已经登陆欧美和亚洲多个国家和地区。支付宝的母公司蚂蚁金服通过"技术分享+当地合作伙伴"的模式，在一些国家与当地合作伙伴共同打造本地版支付宝，为当地用户提供普惠金融服务；例如在印度打造了 Paytm，已成为印度最大的移动支付平台之一，拥有2.2亿移动电子钱包用户。近年来，非洲地区的电子商务发展极为迅速，移动支付渗透率逐年提高，这为我国移动支付企业进入非洲提供了良好的契机，具有很大的发展潜力。

其次，医疗卫生领域将成为中非服务业合作的新兴领域。非洲医药市场正面临着良好的发展机遇，表现在以下几点。一是非洲整体消费能力迅速提升。据麦肯锡预测，到2030年，非洲城市人口将占总人口的50%，人们将不断提高个人以及家庭在医疗卫生方面的开支，为包括药品在内的消费产品发展提供坚实的市场基础。二是传统与新型疾病防治药物需求强劲。未来十年内，非洲将成为传染性疾病和非传染性疾病双重负担地区，非洲各国对医药产品将保持强劲需求，各国也进一步认识到推动本地制药业的必要性和迫切性。三是医疗卫生事业受到更多重视。近年来，非洲新增医院床位、医生、护士屡创新高。一些国家建立专门机构着重培养医疗卫生行业的技术人才。四是医药商业环境日趋成熟。各国相继出台了各种优惠鼓励政策，包括加强知识产权保护、制定医药产业发展战略与目标、对制成药的进口加以限制、鼓励短缺产品的研发、对本地制药厂的原材料进口给予关税优惠等。部分国家还出现了一些应用新技术改善医疗服务水平的趋势，尤以移动通讯在医疗领域的应用最为抢眼。西方国家已经在非洲医疗领域抢先布局。中国对非洲的医药投资尚处于起步阶段，医药企业投资非洲步伐缓慢，尚未涉足非洲主流医药市场，且以生产基础药物为主。中国应将医药行业作为对非产能合作的重点领域，支持中国企业投资非洲医药行业。除制药产业外，医疗器械制造、医疗机构的开设和运营、医疗新技术等都是重要的领域。其中，数字医疗诊断中心是未来中国对非医疗行业投资的一个重要方向。

最后，支线航空是中非服务业合作的蓝海。目前，非洲区域航空匮乏，区域通航仍不充分，特别是在非洲的中西部，很多国家之间没有直达航线。从航线运营来看，运力与市场需求之间也存在着很大的不平衡。未来数年，非洲市场对支线客机和支线航空运营的需求极大，非洲支线航空将迎来强劲的增长。中国民航业企业在航空基础设施建设、机场设备、民航管理及飞行员培训等方面具有较强的综合实力，中国生产的民航飞机逐渐被国际民航市场认可，具备"走出去"的能力和实力。随着"一带一路"倡议的实施和中非国际产能合作的日益深化，中国民航业企业与非洲合作面临较好的机遇，尤其是支线航空合作，将成为中非民航业合作的重点领域。但机遇与风险并存，中国民航企业必须对非洲航空市场存在的风险和挑战有清晰的认识和深入的研究，要制定系统性、整体性、长远性的规划，做好合理的投资选择。要客观看待和分析非洲支线航空市场。虽然自20世纪90年代以来，非洲的支线航空机队规模快速增长，且未来发展前景被广为看好，预计未来20年，非洲客机机队的年均增长率将为3.2%，但由于基数小，其保有量依然相对较小。在支线客机市场上，涡扇支线客机预计未来20年平均每年交付9.55架，市场依然很小。非洲很多国家的机场等民航业相关基础设施非常薄弱，空管、地勤等服务落后，这些客观的条件影响了飞机运营的安全性，提高了运营成本。同时，非洲航空业广泛存在飞行人才匮乏、运营水平不高、维修能力不足等缺陷，都将成为中国航空业企业投资非洲国家的障碍。此外，由于西方国家不希望中国民航业企业进入非洲市场挤压其市场份额，对中国支线客机设置技术门槛，故意提高适航取证难度。

此外，随着电信基础设施建设的逐步完善和居民消费能力的提升，中国电子商务企业在非洲的投资机会将出现。在房地产领域，考虑到随城市化和居民收入增长带来的民用和商用住宅需求，中国房地产企业有望在非洲找到新的投资热点。在旅游业领域，中国入境非洲国家的人次将以较快的速度增长，旅游服务贸易规模将持续扩大，旅游行业和餐饮、住宿等旅游配套行业的投资机会将会涌现。

参 考 文 献

Adedeji A., "Foreign Debt and Prospects for Growth in Africa During the 1980s", *Journal of Modern African Studies*, Vol. 23, No. 1, 1985.

Afdb, OECD, UN, "African Economic Outlook-Entrepreneurship and Industrialisation", June 2017.

Afdb, "AfDB Strategy for 2013 – 2022—At the Center of Africa's Transformation", May 16, 2013.

Allen M., Rosenberg C. B., Keller C., et al., "A Balance Sheet Approach to Financial Crisis", IMF Working Paper, December, 2002.

Altman E. I., Saunders A., "Credit Risk Measurement: Developments over the Last 20 Years", *Journal of Banking & Finance*, Vol. 21, No. 11 – 12, 1997.

Baharumshah A. Z., Soon S. V., Lau E., "Fiscal Sustainability in an Emerging Market Economy: When does Public Debt Turn Bad?" *Journal of Policy Modeling*, Vol. 39, No. 1, 2016.

Barro R. J., "On the Determination of Public Debt," *Journal of Political Economy*, Vol. 87, No. 5, 1979.

Blanchard O., Chouraqui J. C., Hagemann R. P., et al., "The Sustainability of Fiscal Policy: New Answers to An Old Question, OECD", *Economic Studies*, 1990.

Brookings, Sounding the Alarm on Africa's Debt, April 6, 2018.

Callaghy T. M., "Debt and Structural Adjustment in Africa: Realities and Possibilities", *Issue a Journal of Opinion*, Vol. 16, No. 2, 1988.

Cantor R., Packer F., "Determinants and Impact of Sovereign Credit Ratings", *Journal of Fixed Income*, Vol. 6, No. 10, 1996.

Chiminya A., Dunne J. P., Nikolaidou E., "The Determinants of External Debt in Sub Saharan Africa", School of Economics Macroeconomic Discussion Paper, 2018.

Ciarlone A., Trebeschi G., "Designing an Early Warning System for Debt Crises", *Emerging Markets Review*, Vol. 6, No. 4, 2005.

Credit Agency Says Some EA Countries' Debt Worrying, The East African, June 2, 2018, http://www.theeastafrican.co.ke/business/Agency-warns-of-debt-crisis-in-Africa/2560 – 4586090 – ybppjjz/index.html.

Eaton J., Fernández R., "Sovereign Debt", *Handbook of International Economics*, 2000.

ECB, "Analyzing Government Debt Sustainability in the Euro Area", *ECB Monthly Bulletin*, April 2002.

Eichler S., Hofmann M., "Sovereign Default Risk and Decentralization: Evidence for Emerging Markets", *European Journal of Political Economy*, Vol. 32, 2013.

Erb C. B., Harvey C. R., Viskanta T. E., "Inflation and World Equity Selection", *Financial Analysts Journal*, Vol. 51, No. 6, 1995.

Fioramanti M., "Predicting Sovereign Debt Crises Using Artificial Neural Networks: A Comparative Approach", *Journal of Financial Stability*, Vol. 4, No. 2, 2008.

Fitch Ratings, "Sovereign Rating Criteria, Master Criteria", https：//www. fitchratings. com/creditdesk/reports/report_frame_render. cfm? rpt_id = 754428.

Frank Jr C. R., Cline W. R., Measurement of Debt Servicing Capacity：An Application of Discriminant Analysis, *Journal of international Economics*, Vol. 1, No. 3, 1971.

Fuertes A. M., Kalotychou E., "Early Warning Systems for Sovereign Debt Crises：The Role of Heterogeneity", *Computational Statistics & Data Analysis*, Vol. 51, No. 2, 2006.

Georgievska A., Georgievska L., Stojanovic A., et al., "Sovereign Rescheduling Probabilities in Emerging Markets：A Comparison with Credit Rating Agenciesâ Ratings", *Journal of Applied Statistics*, Vol. 35, No. 9, 2008.

Gordy M. B., "Saddlepoint approximation of Credit Risk", *Journal of Banking & Finance*, Vol. 26, No. 7, 2002.

Hayri A., "Debt Relief", *Journal of International Economics*, Vol. 52, No. 1, 2000.

IMF, "Staff Guidance Note on the Application of the Joint Fund-Bank Debt Sustainability Framework for Low-Income Countries", IMF Policy Paper, 2008.

IMF, "Staff Guidance Note for Public Debt Sustainability Analysis in Market-Access Countries", IMF Policy Paper, 2013.

IMF, "Assessing Sustainability", IMF Staff Paper, No. 02/28/2002, 2002.

IMF, "Cyclical Upswing, Structural Change", *World Economic Outlook*, April 2018.

IMF, *Regional Economic Outlook：Sub-Saharan Africa*, 2016.

IMF, *Regional Economic Outlook：Domestic Revenue Mobilization and Private Investment*, May 8, 2018.

IMF, "World Economic Outlook Database, Sustaining the Recovery", October 2009.

IMF, "World Economic Outlook-Seeking Sustainable Growth, Short-Term Recovery, long-Term Challenges", October 2017.

Iyoha M. A., "External Debt and Economic Growth in Sub-Saharan African Countries: An Econometric Study", 1999.

Janet Ecom, "Deborah Brautigam and Lina Benabdallah, The Path Ahead: The 7th Forum on China-Africa Cooperation", *Briefing Paper of Johns Hopkins*, No. 1, 2018.

Jarrow R. A., Lando D., Turnbull S. M., "A Markov Model for the Term Structure of Credit Risk Spreads", *The Review of Financial Studies*, Vol. 10, No. 2, 1997.

John L., "Thornton China Center Monograph Series", No. 7, July 2016.

Juttner J. D., McCarthy J., *Modeling a Ratings Crisis*, unpublished: Sydney, Australia: Macquarie University, 1998.

Kaminsky G., Lizondo S., Reinhart C. M., "Leading Indicators of Currency Crises", *Staff Papers*, Vol. 45, No. 1, 1998.

Manasse P., Roubini N., "'Rules of thumb' for Sovereign Debt Crises", *Journal of International Economics*, Vol. 78, No. 2, 2005.

Mensah D., Aboagye A. Q. Q., Abor J. Y., et al., "External Debt among HIPCs in Africa: Accounting and Panel VAR Analysis of Some Determinants", *Journal of Economic Studies*, Vol. 44, No. 3, 2017.

Moody's Investor Service, "Rating Methodology, Sovereign Bond Ratings", https://www.moodys.com/researchdocumentcontentpage.aspx?docid=PBC_157547.

Morgan Stanley, Trade Tensions: Lingering for Longer, August 11, 2018.

Otaviano Canuto, Pablo F. Pereira dos Santos, Paulo C. De SÁ Porto., "Macroeconomics and Sovereign Risk Ratings", *Journal of International Commerce Economics & Policy*, Vol. 3, No. 2, 2012.

Reinhart C. M., "Default, Currency Crises, and Sovereign Credit Ratings", *World Bank Economic Review*, Vol. 16, No. 2, 2002.

Reisen H., "Is China Actually Helping Improve Debt Sustainability in Africa?", *G24 Policy Brief*, 2007.

Savona R., Vezzoli M., "Fitting and Forecasting Sovereign Defaults Using Multiple Risk Signals", *Oxford Bulletin of Economics & Statistics*, Vol. 77, No. 1, 2015.

Standard & Poor's Rating Services, "Sovereign Government Rating Methodology and Assumptions", https://www.globalcredit-portal.com/ratingsdirect/renderArticle.do? articleId = 1150958&Sct ArtId = 164326&from = CM&nsl_ code = LIME &sourceObject-Id = 8043981&sourceRevId = 1& fee_ ind = N&exp_ date = 20230625 − 15:42:28.

Tran N., "Debt Threshold for Fiscal Sustainability Assessment in Emerging economies", *Journal of Policy Modeling*, 2018.

Westphalen M. S., "Valuation of Sovereign Debt with Strategic Defaulting and Rescheduling", FAME Research Paper, No. 43, February 2002.

World Bank Group, "Africa's Pulse", No. 17, April 2018. Washington, D. C.: World Bank, https://openknowledge.worldbank.org/handle/10986/29667.

Wyplosz C., "Debt Sustainability Assessment: The IMF Approach and Alternatives", Iheid Working Papers, 2007.

Zhang X., Schwaab B., Lucas A., "Conditional Probabilities and Contagion Measures for Euro Area Sovereign Default Risk", Tinbergen Institute Discussion Papers, 2011.

安春英、孟立红:《解决债务问题:新世纪非洲经济发展的当务之急》,《西亚非洲》2001 年第 5 期。

曹荣湘:《国家风险与主权评级:全球资本市场的评估与准入》,《经济社会体制比较》2003 年第 5 期。

陈旻辉:《非洲债务可持续问题及对中非合作的影响》,《国际经济合作》2018 年第 2 期。

陈允欣:《非洲严峻的债务问题》,《上海师范大学学报》(哲学社会科学版)2001 年第 4 期。

大公国际资信评估有限公司:《大公主权信用评级方法》,2015 年。

何代欣:《主权债务适度规模研究》,《世界经济》2013 年第 4 期。

黄瑾轩:《从金融危机视角对评级公司主权评级模型的分析和修正》,硕士学位论文,厦门大学,2009 年。

金鹏:《主权债务危机视角下的主权风险分析》,硕士学位论文,东北财经大学,2010 年。

李扬、张晓晶、常欣:《中国主权资产负债表及其风险评估(下)》,《经济研究》2012 年第 7 期。

陆留存、田益祥:《主权信用评级的决定因素研究——基于一般面板数据和面板有序概率方法的分析》,《管理学家》(学术版)2011 年第 5 期。

宋鹏、高春颜:《从全球治理的视角看非洲债务问题》,《改革与开放》2007 年第 6 期。

王鹏:《中东欧国家转轨时期消化国企不良债务途径及其启示》,《金融与经济》1997 年第 2 期。

王守贞等:《东南亚国家应对国际金融危机的举措》,《亚太经济》2009 年第 11 期。

王稳等:《国家风险分析框架重塑与评级研究》,《国际金融研究》2017 年第 10 期。

王稳、张阳、赵婧:《2015 年全球主权信用风险评级研究》,《保险研究》2016 年第 4 期。

杨宝荣:《债务与发展:国际关系中的非洲债务问题》,社会科学文献出版社 2011 年版。

姚桂梅:《中非直接投资合作》,中国社会科学出版社 2018 年版。

张乃根:《国家及其财产管辖豁免对我国经贸活动的影响》,《法学家》2005 年第 6 期。

张忠祥:《当前非洲潜在的债务危机是局部的和可控的》,《中国与非洲》,2018 年 9 月。

中诚信国际信用评论:《中诚信信用评估报告》2010 年版。

朱晓中:《俄罗斯和中东欧国家的外债问题》,《俄罗斯东欧中亚研究》1997 年第 4 期。

张春宇，中国社会科学院创新工程项目"能源转型的国际比较"研究员，博士。研究领域为海洋经济、中非合作。出版《中国海洋金融战略》等著作，发表中非合作、海洋经济相关的中英文学术论文三十余篇。参与《国家海洋经济"十三五"规划》等多项重要政策文件的研究和编制。主持外交部、原国家海洋局重大课题十余项，曾获外交部2016年中非联合交流计划研究课题优秀奖等奖项。

李新烽，中国社会科学院西亚非洲研究所副所长、研究员、博士研究生导师。出版《非洲踏寻郑和路》（中、英文版）、《郑和与非洲》等著作，发表中英文学术论文20余篇。人民日报社前驻南非首席记者，足迹遍布非洲大陆。其作品获中共中央宣传部第十届精神文明建设"五个一工程奖"、第十六届和第二十七届中国新闻奖、中国社会科学院2012年和2016年优秀对策信息一等奖、外交部2013年和2016年中非联合交流计划研究课题优秀奖等十余种奖项。

李若杨，女，中国社会科学院研究生院博士在读，学习和研究领域为国际金融、非洲经济。

中国社会科学院西亚非洲研究所是根据毛泽东主席的指示于 1961 年 7 月 4 日创建的多学科综合性研究所，是目前中国规模最大、研究力量最集中的中东、非洲问题研究机构和智库。该所研究对象涉及中东、非洲 74 个国家和地区，重点研究当代中东、非洲地区，各国政治、经济、社会、民族、宗教、法律以及大国与中东、非洲，中国与中东、非洲等国际关系问题。主办学术期刊《西亚非洲》（双月刊），主编综合性年度研究报告集《中东黄皮书》和《非洲黄皮书》；主管中国社会科学院海湾研究中心和中国社会科学院西亚非洲研究所南非研究中心。全国性学术社团中国亚非学会和中国中东学会挂靠于该所。中国社会科学院研究生院西亚非洲研究系设在该所，招收和培养中东和非洲政治、经济和国际关系等专业方向的硕士和博士研究生，为国内中东非洲研究培养专业人才。经过近 60 年的发展，西亚非洲研究所已逐步成为国内外中东非洲研究领域的知名学术机构。

中国社会科学院国际合作局是负责组织推进全院对外学术交流合作的职能部门。中国社会科学院对外交流合作遍及100多个国家和地区，同海外160余个机构建立了协议交流关系，其中主要是各国科学院、国家级科研机构、高端智库、知名学府以及重要国际组织。对外学术交流的形式主要有学者互访、举办国际研讨会、合作研究、培训、出版等。近年来，每年中外学者互访达5000余人次，举办国际性学术会议150余场。与十余个国家的科研机构共同组织开展合作研究项目。近五年来，与国外知名学术出版社合作，对外翻译出版学术著作700余部。印行《中国社会科学》等16种英文学术期刊。在海外已建立形成中国研究中心网络。

中国社会科学出版社成立于1978年6月，是由中国社会科学院主管的一家以出版哲学社会科学学术著作为主的国家级出版社。1993年首批荣获中共中央宣传部和国家新闻出版总署授予的全国优秀出版社称号。中国社会科学出版社成立40周年以来，出版了大量人文社会科学学术精品，图书先后获得国家图书奖荣誉奖、国家图书奖、中国图书奖、中国出版政府奖图书奖、"中国好书"奖、中华优秀出版物奖、"三个原创一百"图书奖和全国优秀通俗理论读物奖等国家级奖励。在南京大学中国社会科学评价研究院发布的《中文学术图书引文索引》中，中国社会科学出版社图书被引综合排名在全国近600家出版社中位居第四；在中国文化走出去效果评估中心发布的《中国图书海外馆藏影响力研究报告》中，中国社会科学出版社海外馆藏影响力位列第一。近年来，中国社会科学出版社在《剑桥中国史》《中国社会科学院学者文选》等传统图书品牌的基础上，打造"中社智库"丛书，《理解中国》丛书、《中国制度》丛书等出版品牌，已经发展成为我国马克思主义理论的重要出版阵地、哲学社会科学出版重镇、国家高端智库成果的重要发布平台和中国学术"走出去"的主力军。